Colour Land 4

Pupil's Book

Autoren
Sibylle Backwinkel, Stuttgart
Birgit Gegier Steiner, CH-Ramsen
Serena Konold, Stuttgart
Jutta Stephany, Mutterstadt

Beratung
Ute Wirth, Stuttgart

Ernst Klett Verlag
Stuttgart • Leipzig

So lernst du mit Colour Land Pupil's Book 4

Auftaktseite mit Minicards My words
Vorstellung des Themas der Unit.
Auf der Lehrer-CD befindet sich die Geschichte.

Minicards My words: Zeigen wichtige Wörter aus der Unit. Diese Wörter sind auf den Lehrer-CDs und auf der Schüler-CD zu hören.

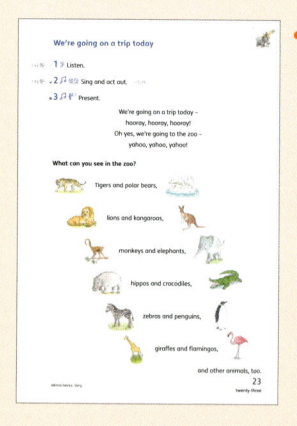

Mitmachseite
Mit einem Lied, einem Reim oder einem Spiel. Das Lied oder der Reim ist auf den CDs.

Übungsseite
Aufgaben zum Üben und Vertiefen mit leichten, mittleren und schwierigen Aufgaben.
That's me! zum Üben auf unterschiedlichen Niveaus.

Dialogseite
Bereitet auf das Sprechen in der englischen Sprache vor.

Symbole

Act out.	Point.	Talk.	○ leichte Aufgabe
Colour./Draw.	Present.	Play.	◐ mittlere Aufgabe
Listen.	Read.	2 Schüler-CD	● schwierige Aufgabe
Look.	Say.	1. Lehrer-CD	✳ Task (offene Aufgabe)
Make./Cut.	Sing.		

Contents

	Welcome	4–5
	Unit 1: Hello	6–9
	Unit 2: My day	10–13
	Unit 3: My body Poster 1	14–17
	Unit 4: My friends and me	18–21
	Unit 5: At the zoo Poster 2	22–25
	Unit 6: A visit to London Poster 3	26–29
	Unit 7: Fruit and vegetables	30–33
	Unit 8: At home	34–37
	Unit 9: Clothes and jobs	38–41
	Unit 10: Storytelling City Mouse and Country Mouse	42–45
	Unit 11: Let's celebrate! Thanksgiving, Christmas in Australia, Valentine's Day	46–49
	Anhang: My words	50–55
	Nelly Quiz	56

Welcome

1.05　1　Listen.

DINING HALL

fish and chips　rice and veggies　stew　fruit salad

counter

1.03　→ 2

4
four

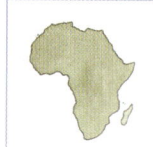

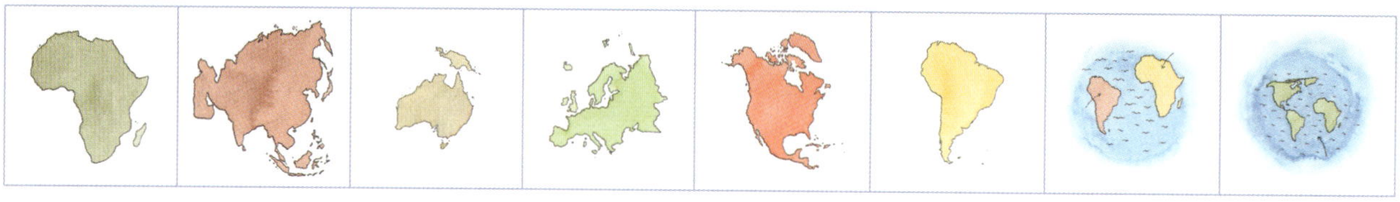

Auftaktseite mit My words
1. Where are the children?　2. What are Kaamil and Dakshi having?
3. Which food in the picture do you like best?

We are rainbow children

1.06 **1** 🎧 Listen.

1.07 **2** 🎵 Sing.

3 📢 Present.

||: We are rainbow children in a rainbow world. :||
We live together.
We play together.
We learn together.
We talk together.
We sing together.
||: We are rainbow children in a rainbow world. :||

Let's live in peace in one world

Hello

1.11 **1** Listen.

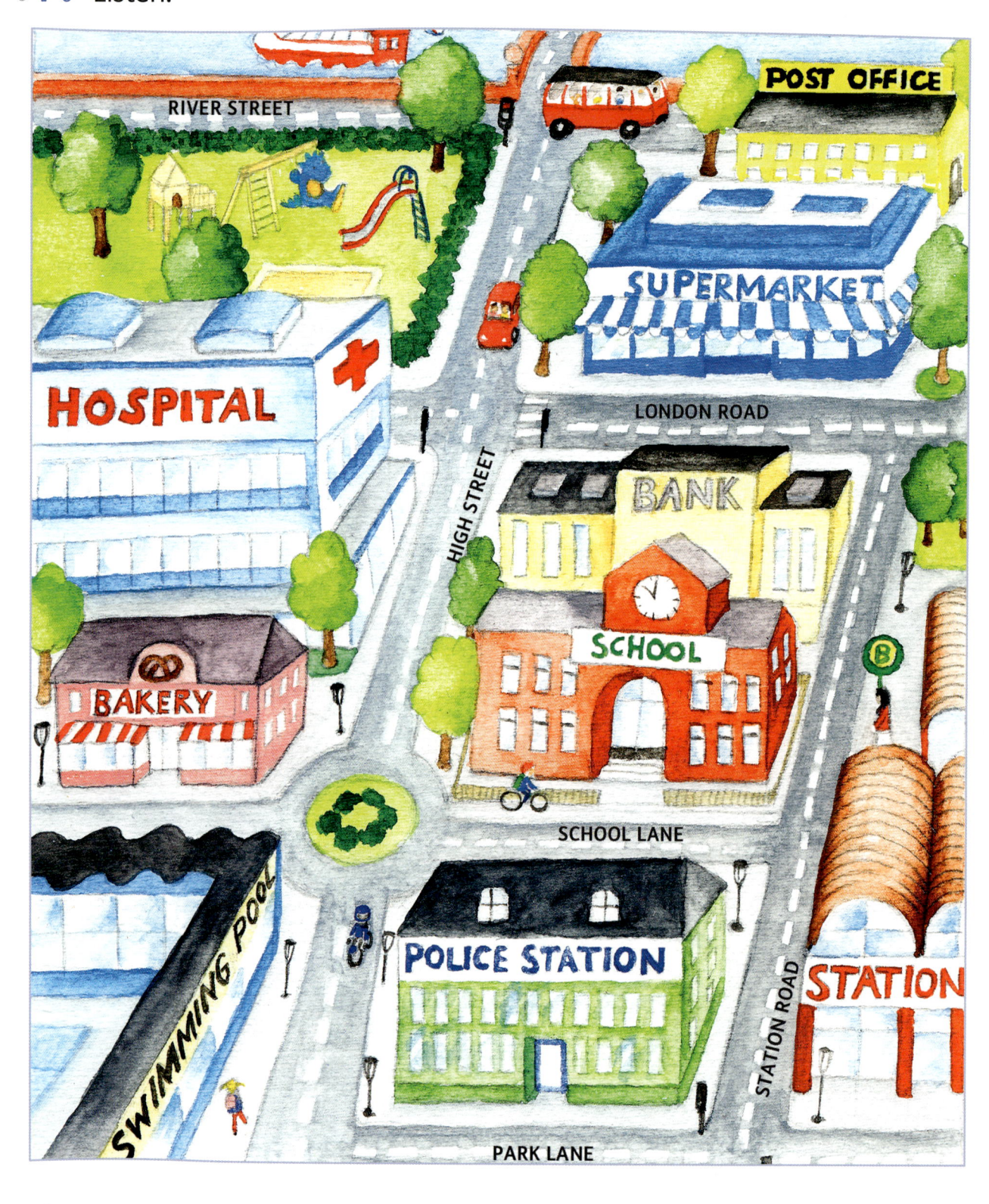

→ 4

1.09

Auftaktseite mit My words
1. Where is Nelly? 2. Is the policeman going by car? 3. Where is the supermarket?

Going to school

1.12 **1** Listen.

1.13 **2** Sing and act out. 5

3 Present.

Going to school

Going on foot to school, that is really cool.

Going to school by bike, what's that like?

Going to school by bus, don't make a fuss!

Going to school by car, it isn't that far.

Going to school on skates, just what Mum hates.

Mitmachseite, Rap

All about traffic

1 Read and say.

turn right   turn left   go straight on   stop   give way

2 Listen.

3 Talk.

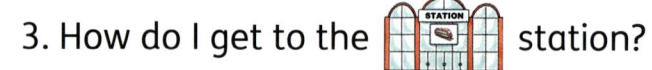

1. How do I get to the  hospital? 
2. How do I get to the  playground? 
3. How do I get to the station? 
4.  *Can I go to the ... now?*   No. 
5.  *Can I go to the ... by bike?*   Watch out.

That's me!

4 Read.

Hi. My name is Sirim.
I live in Manchester.
I can't go to school by bike.
There is too much traffic in town.
I go to school by bus.
What about you?

Übungsseite

Dialogues

1.15　　**1** 🎧 💬　Listen and talk.

　　　2 👓　Read.

　　　3 👥　Act out.

"Turn left. The police station is on the right."

"Excuse me, please. How do I get to the police station?"

"Turn right, go straight on and turn right again. The bike shop is on the left."

"Excuse me, please. How do I get to the bike shop?"

4 💬　Talk.

"Excuse me, please. How do I get to the bakery?"

9
nine

My day

1.18　**1**　Listen.

in the morning

in the afternoon

in the evening

at night

→ 6

10
ten

Auftaktseite mit My words
1. What is Ben doing in the morning? **2.** When is Ben meeting his friends? **3.** Where is Nelly?

What do you do …?

1.19 **1** Listen.

1.20 **2** Say the rap.

3 Present.

1. What do you do in the morning?

    I get ready for school.

    The bus driver's waiting.

    Oh yes! That's very cool!

2. What do you do in the afternoon?

    I get home – hooray!

    I relax or do some sports

    Or meet my friends to play.

3. What do you do in the evening?

    I get ready for bed.

    Then I eat or watch TV

    Or read a book instead.

4. And what do you do at night?

    I … sleep … tight!

Mitmachseite, Rap

What time is it, please?

1.21　**1** 🎧 Listen.

2 👓 Read.

Ben gets up at 🕖 in the morning.

He has breakfast at 🕢.

At 🕣 Ben goes to school.

School starts at 🕘 and ends at 🕐.

Ben comes home from school at 🕜 and has tea.

Then he takes a break.

Later on Ben meets his friends at 🕓.

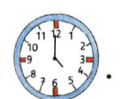

At 🕔 he has dinner with his family.

After dinner Ben reads a book at 🕡.

Then he goes to bed at 🕗.

What time is it? (clock diagram)

o'clock
5 past / 5 to
10 past / 10 to
quarter past / quarter to
20 past / 20 to
25 past / 25 to
half past

That's me!

3 👓 Read.

Hi. I'm George from Nottingham.
From Monday to Friday I get up at quarter past seven in the morning.
And I go to bed at half past eight in the evening.
At the weekend I sleep until 9:30 in the morning.
What about you?

12
twelve　　　Übungsseite

Dialogues

1 Listen and talk.

Chris	 gets up ...	 has breakfast ...	 goes to school ...	 does his homework ...	 watches TV ...	 reads a book ...	 gets ready for bed ...
at	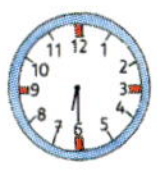 🕐	 🕐	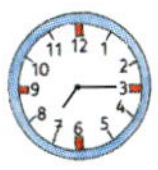 🕐	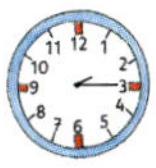 🕐	 🕐	 🕐	 🕐

2 Talk.

- When does Chris get up?
- Chris gets up at ...
- When does Chris have breakfast?
- Chris has breakfast at ...

3 Talk.

- What time is it, please?
- It's ...

My body

1.25 ◎ ○ **1** Listen.

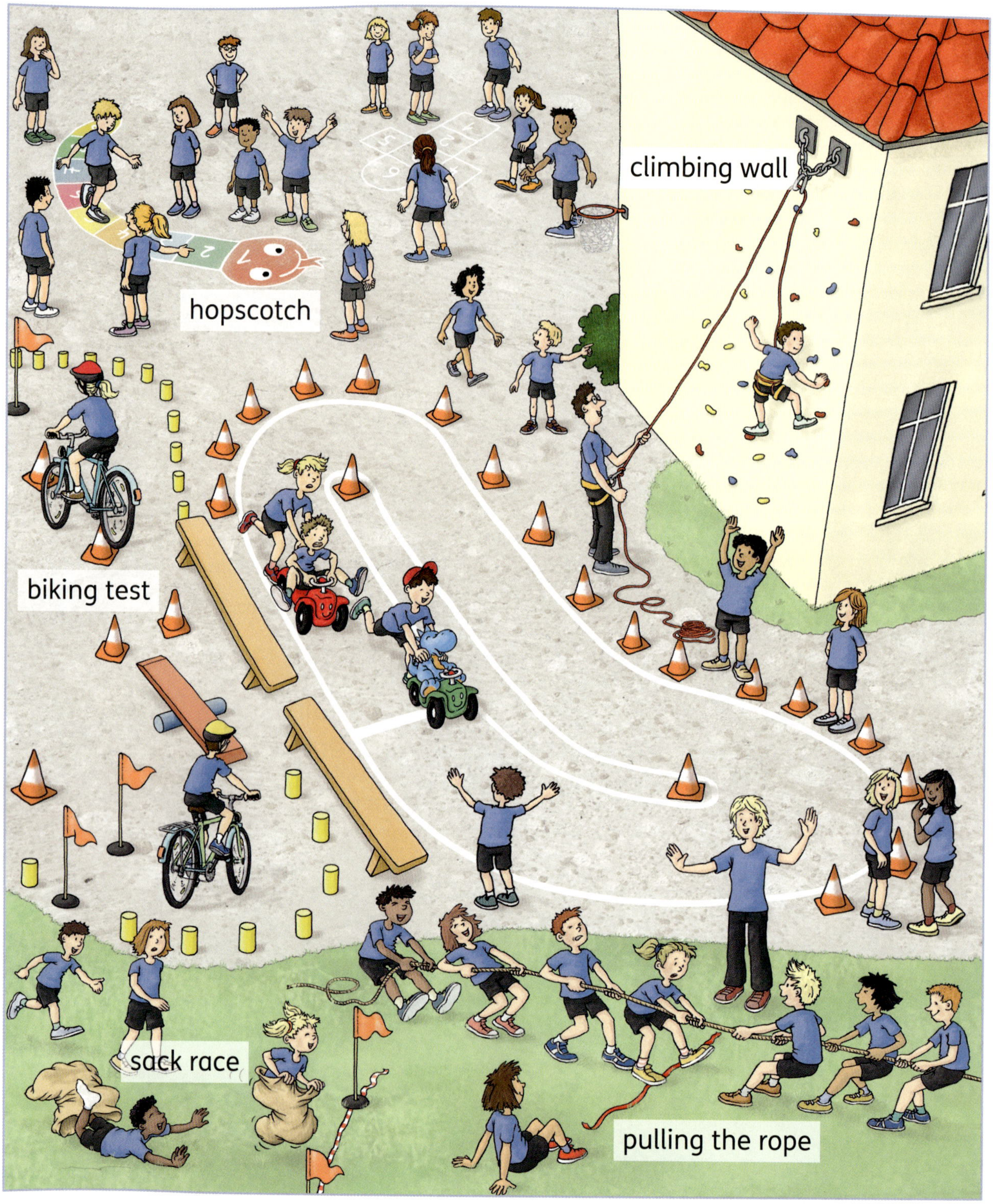

climbing wall
hopscotch
biking test
sack race
pulling the rope

→◎ 8

1.23 ◎

Auftaktseite mit My words

1. What is the big sports event called? **2.** What can the children do on the grass?
3. Who is winning the sack race?

Get ready for learning

1.27 **1** Listen.

1.28 **2** Sing and act out.

3 Present.

||: **Get ready for learning**
get ready for today :||

Stretch your arms to the skies,
open your mouth, open your eyes.
Stretch your arms left and right,
do it twice to every side.

||: **Get ready for learning**
get ready for today :||

Bend down and touch your toes,
stand straight and touch your nose.
Roll your shoulders all around,
bend your knees and touch the ground.

||: **Get ready for learning**
get ready for today :||

Run, run, run on the spot,
till you get very hot.
Shake your hands, stamp your feet,
one and two, hear the beat.

||: **Get ready for learning**
get ready for today :||

Twist your body here and there,
from the feet up to the hair.
Dancing in the morning,
keeps you fit for learning.

||: **Get ready for learning**
get ready for today :||

Mitmachseite, Song

What I can do

1.29 **1** Listen and point.

2 Read.

I can run.

Peter can jump.

She can throw the ball.

He can roll his shoulders.

Lucy can bend her body.

They can pull the rope.

He can lift a box.

I can push the ride-on car.

That's me!

3 Read.

Hi.
I'm Grace from Cardiff.
I like to run, jump and throw balls.
I can run very fast.
I don't like to pull the rope.
What about you?

Übungsseite

Dialogues

1 Listen and talk. Mime and guess.

What is it?

It's jumping.

2 Listen and talk.

Bend your knees!

I can bend my knees!

3 Listen and talk.

I can jump into a pool.

I can't run fast.

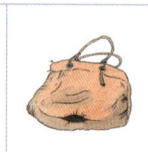

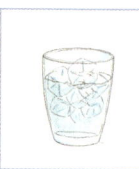

My friends and me

1.34 **1** Listen.

Labels in top image: smart phone, computer, tall, short, hot, small, long, old, new, cold

Menu board: water, tea, coffee, apple juice, orange juice, lemonade

Speech bubble: This is Ben Brown speaking. I want to contact the police station. I am in the cafeteria in High Street. I want to tell you …

1.32

18 eighteen

Auftaktseite mit My words
1. What are Ben and Lily drinking? 2. Where is Ben making his phone call?
3. Who is wearing dark sunglasses?

My friend and me

1.35 **1** Listen.

1.36 **2** Sing and act out. → 11

3 Present.

My friend and me, we are a team.
We share our day and our dream.

We play together, jump and run.

We ride our bikes and have much fun.

My friend and me, we are a team.
We share our day and our dream.

We talk, we walk, we swim, we skate.

We dance and sing until it's late.

And when I'm sad and call my friend,
he always gives a helping hand.

My friend and me, we are a team.
We share our day and our dream.

Mitmachseite, Song

Wanted!

1 🎧 Listen.

2 👓 Read.

He is a boy. He is tall.
He has got red hair, green eyes and freckles on his nose.
He is wearing a blue T-shirt and white shorts.
His hobby is playing football.
Who is it?

She is a girl.
She has got long brown hair and brown eyes.
She is wearing a yellow pullover and grey jeans.
Her hobby is playing the guitar.
Who is it?

She is a girl.
She has got black curly hair and brown eyes.
She is wearing jeans and a blue striped sweater.
She is wearing a helmet. Her hobby is riding a bike.
Who is it?

That's me!

3 👓 Read.

Hello. My name is April.
I live in Liverpool.
I wear my long brown hair in plaits.
My hobbies are playing the piano, dancing,
playing hockey and reading books.
What about you?

Übungsseite

Dialogues

1 Listen and talk.

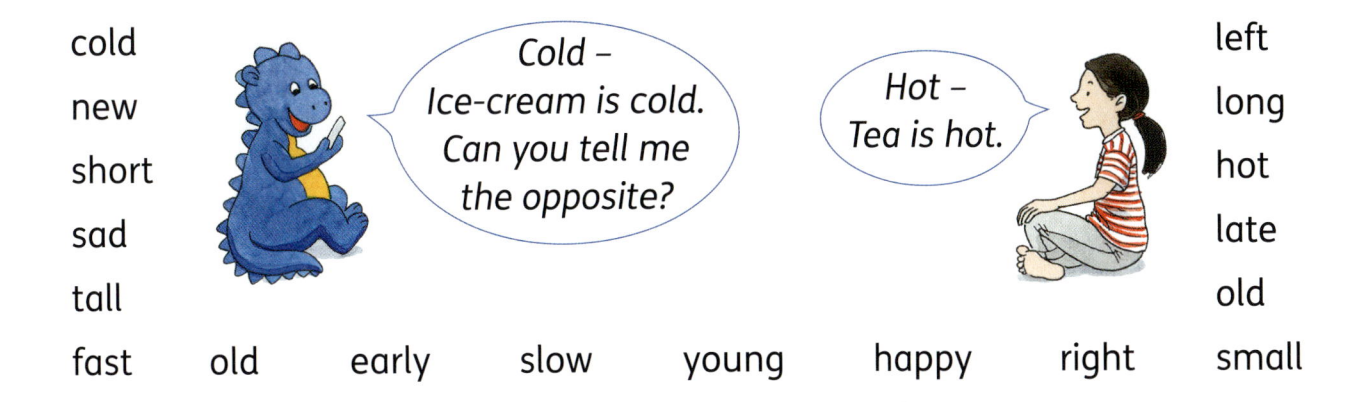

cold
new
short
sad
tall
fast — old — early — slow — young — happy — right — small

left
long
hot
late
old

Cold – Ice-cream is cold. Can you tell me the opposite?

Hot – Tea is hot.

2 Talk. Can you find more opposites?

Summertown News

3 Read.

4 Act out.

5 Do your own interview.

Now Ben is very famous in Summertown. A reporter is doing an interview.

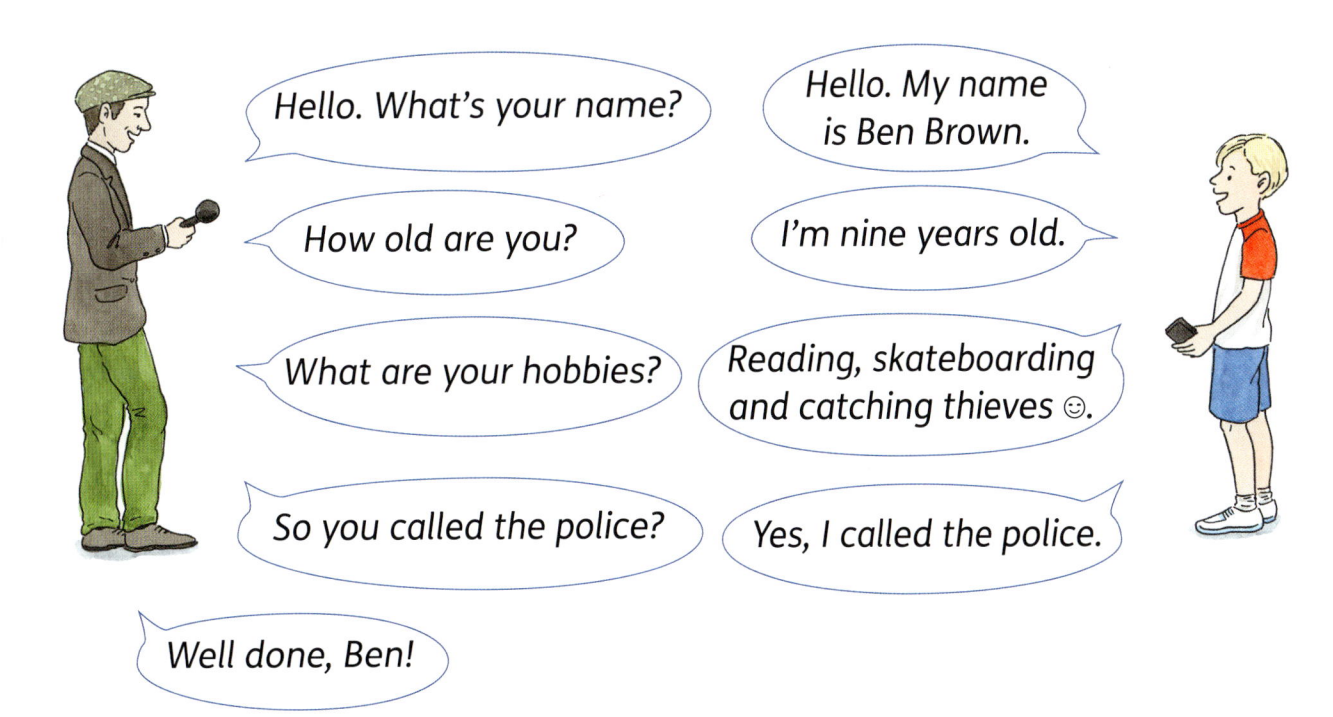

Hello. What's your name?
Hello. My name is Ben Brown.

How old are you?
I'm nine years old.

What are your hobbies?
Reading, skateboarding and catching thieves ☺.

So you called the police?
Yes, I called the police.

Well done, Ben!

Dialogseite

21
twenty-one

At the zoo

1.41 **1** Listen.

22
twenty-two

Auftaktseite mit My words

1. Where is the Brown family? 2. Where is Nelly's rucksack in picture number 3?
3. What is your favourite zoo animal?

We're going on a trip today

1.42 **1** 🎧 Listen.

1.43 **2** 🎵 👥 Sing and act out. → 13

3 🎵 🧑‍🏫 Present.

We are going on a trip today –
hooray, hooray, hooray!
Oh yes, we are going to the zoo –
yahoo, yahoo, yahoo!

What can you see in the zoo?

Tigers and polar bears,

lions and kangaroos,

monkeys and elephants,

hippos and crocodiles,

zebras and penguins,

giraffes and flamingos,

and other animals, too.

Mitmachseite, Song

Wild animals and zoo animals

1.44 **1** Listen.

2 Read.

Tigers are from Asia. They live in the jungle.
Tigers have sharp teeth and claws.
They eat meat. Tigers can run fast.

Polar bears are from the Arctic. They live on the ice.
Polar bears have soft white fur. They eat fish and meat.
Polar bears can swim and dive.

Kangaroos are from Australia. Their babies live in the pouches.
Kangaroos have strong legs and a long tail. They eat grass, leaves and fruit. Kangaroos can jump very well.

Rattle snakes are from America. They live in the desert.
Rattle snakes have no legs. They eat meat.
Rattle snakes can lay eggs.

That's me!

3 Read.

Hi! My name is Bob.
I'm from Bath. Bath is in Europe.
My favourite zoo animals are giraffes.
Giraffes are from Africa. They live in the savanna.
Giraffes have got long necks.
They eat leaves from the trees.
What about you?

Übungsseite

Dialogues

1.45 **1** 👂 💬 Listen and talk.

2 🎲 Play.

- Where are lions from?
- Lions are from Africa.

- Where are giraffes from?
- Giraffes are from Africa.

- What do monkeys eat?
- Monkeys eat fruit and leaves.

- What is special about elephants?
- Elephants are grey/big/... Elephants have got big ears/a long trunk/...

A visit to London

2.03 **1** 🎧 Listen.
2.04

2 👓 Read.

1

Hop On Hop Off City Tour

Hello Ben, hello Lily. London is beautiful! This is Big Ben.

2

This is Buckingham Palace. The Queen is not at home. I made friends with the guards ☺. Love, Grandma

🔈 14

2.01

26
twenty-six

Auftaktseite mit My words
1. Where is Grandpa sitting in picture number 1? 2. Which sights can you see?
3. What is the weather like in London?

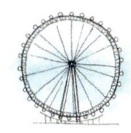

Nelly, Nelly where have you been?

1. 🎧 Listen.

2. 👓 Read.

3. 🗣 Present.

Nelly, Nelly, where have you been?

I've been to London to visit the Queen.

At Buckingham Palace what did you see?

A guard in a red jacket was looking at me.

And the next morning, what did you do then?

I went to the Thames and I heard Big Ben.

Did you see London Eye, the very big wheel?

Yes, and on top, I had a fine meal!

Mitmachseite, Rhyme

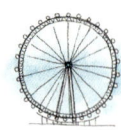

London sights

● 1 👓 Read.

● 2 💬 Talk to a partner.

The London Eye goes round and round. From the top you can see the City of London.

By the River Thames are the Houses of Parliament and Big Ben. Everybody knows the sound of the famous bell: ding-dong, ding-dong.

The Tower of London is a very old castle. It was the home of many kings and queens. You can see the Crown Jewels there.

Next to the Tower of London is the Tower Bridge across the River Thames. It can open and close to let ships through.

That's me!

✻ 3 👓 Read.

Hello. My name is James.
I live in London.
My brother is a guard at Buckingham Palace.
My favourite sight of London is the London Eye.
What about you?

Übungsseite

Dialogues

1 👓 Read.

2 💬 Talk.

- Let's plan a visit. How is the weather today?
- It is cloudy.
- Ok. Let's visit the film studios: The Making of Harry Potter.
- That's a good idea!

3 💬 Talk.

- How is the weather today?
- It is ☀
- OK. Let's visit Hyde Park.

Fruit and vegetables

2.08 **1** Listen.

raspberries, pears, oranges, lemons, cherries, strawberries, bananas, garlic, apples, melons, cauliflowers, leek, onions, tomatoes, broccoli, cucumbers, potatoes, lettuce, carrots, peppers

→ 16

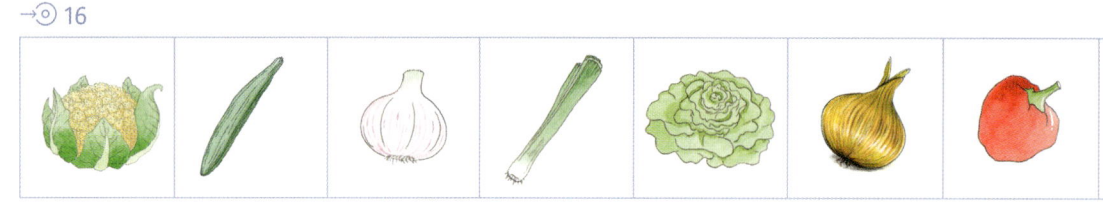

2.06

30
thirty

Auftaktseite mit My words

1. Which fruit and vegetables can you see? 2. How many cucumbers are they buying?
3. Which vegetables do you need for a soup?

Let's make vegetable soup

2.09 **1** 👂 Listen.

2.10 **2** 🎵 👥 Sing and act out.

3 🗣 Present.

Let's make vegetable soup.
Vegetable soup tastes good.

Let's cut the leeks.

Let's slice the peppers.

Let's wash the carrots.

Let's peel the potatoes.

Put everything in a pot.

Add a bit of water.

Put the broccoli on top.

Let's stir it and boil it.

Add salt and pepper.

They make the soup better.

Let's make vegetable soup.
Vegetable soup tastes good.

Mitmachseite, Rap

Mrs Singh is making a fruit salad

2.11 **1** Listen.

2 Read.

I love to make fruit salad for my family.

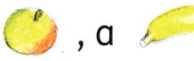

I take the fruit I can get at the moment. For example an 🍎 , a 🍌 , a 🍓 , a kiwi, an orange, a pear, a peach, a melon, some plums, some cherries, some raspberries, some strawberries, some blueberries, some blackberries, some grapes.

I 🚰 the fruit, I 🥝 or 🔪 it.

I put everything into a big glass bowl 🥣 and add a bit of 🍋 juice.

I mix 🥣 the fruit salad well and serve  it.

My family loves fruit salad 🥣 .

3 Tell the class. What is in your fruit salad?

That's me!

4 Read.

Hello. My name is Mariella.
My family comes from Italy.
My grandfather is a farmer. He grows all kinds of fruit and vegetables.
I love carrots and tomatoes best.
What about you?

32
thirty-two   Übungsseite

Dialogues

2.12 **1** 🗣️ 💬 Listen and talk.

- What would you like? / Can I help you?
- I'd like a(n) … / some …, please.
- Here you are. Anything else?
- Yes, please. / No, thank you.
- It's £ (pounds) …
- Here you are.
- Thank you. Good bye.
- Bye-bye.

2 💬 Talk.

- What would you like?
- I'd like a cucumber, please.
- Here you are. Anything else?
- No, thank you. …

33
thirty-three

At home

2.15   **1** Listen.

I am Redbeard, the pirate!

Labels in picture: pirate ship, sea, forest, beach, bowl, glass, mug, plate, bottle, potatoes, earring, spoon, fork, knife, pistol

1. What is the captain's name?
2. What colour is his hair?
3. How many plates are in the cupboard?
4. What is in the sack?
5. What can you see on the table?
6. Who has got a pistol?
7. How many masts has the ship got?
8. What colour is the boy's shirt?
9. Where is the treasure box?
10. Where is Nelly?

2.13 → 18

34 thirty-four

Auftaktseite mit My words
1. How many pirates can you see? 2. What can you find in the cupboard?
3. What is in the treasure box?

What shall we do ...?

2.16 **1** 👂 👓 Listen and read. → 19

2.17 **2** 🎵 Sing.

3 🧑‍🏫 Present.

What shall we do with the stolen treasure?
||: What shall we do with the stolen treasure? :||

Where can we all hide it?

Put it in the wardrobe in the bedroom.
||: Put it in the wardrobe in the bedroom. :||

No, 'cause they will find it.

Put it in the cupboard in the kitchen ...
||: Put it in the cupboard in the kitchen. :||

No 'cause they will find it.

Put it on the shelf in the bathroom
||: Put it on the shelf in the bathroom. :||

No 'cause they will find it.

Let's dig a big hole in the garden
ll: Let's dig a big hole in the garden. :||

Yes, 'cause they won't find it.

Mitmachseite, Song

Where are the pirates?

1 👓 Read.

In the bedroom there is a small bed and a blue wardrobe, an old brown table and a blue chair.
It has got a very small window.
Where is the pirate?

2 👓 Read.

In the kitchen there is an old oven and a fireplace. In the cupboard there are plates, bowls, glasses, spoons, forks and knives.
On the shelf there is a big bottle.
Where is the pirate?

3 👓 Read.

In the cellar there are green bottles on the shelf.
There are sacks of potatoes and a treasure box.
Where is the pirate?

That's me!

4 👓 Read.

Hello. My name is Pete.
I live on the Isle of Wight.
My parents have got a restaurant.
Sometimes I help in the kitchen or I lay the tables.
I like listening to my grandpa's pirate stories.
What about you?

Übungsseite

Dialogues

1 Read.

2 Act out.

3 Make more dialogues.

Please lay the table for breakfast.

OK. What do we need?

We need plates, knives and forks for the fried eggs and the toast, glasses for the orange juice and mugs and spoons for the tea.

OK.

Please lay the table for the barbecue.

OK. What do we need?

We need plates, knives and forks for the steaks and the salad, water glasses for all of us and wine glasses for Mum and me.

OK.

4 Talk.

Please lay the table for ...

What do we need?

Clothes and jobs

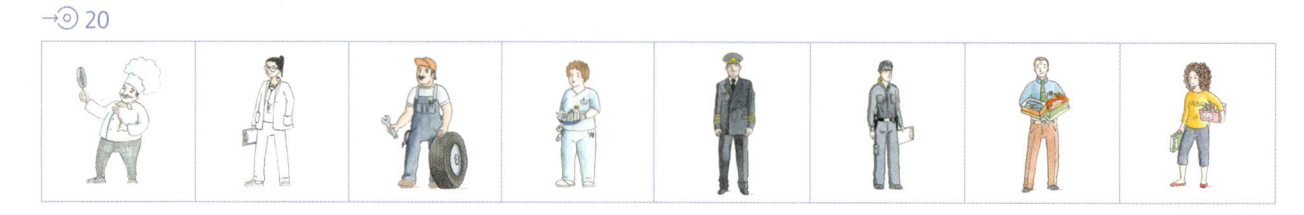

2.20 **1** Listen.

→ 20

2.18

38
thirty-eight

Auftaktseite mit My words

1. How many cars are in the street? **2.** Who can you see? **3.** What is the cook wearing?

Clothes, clothes, we must wear

2.21 **1** Listen. 21

2 Say the rhyme.

**Clothes, clothes we must wear,
every day and everywhere.**
Nurse and doctor,
please do say:
What are you wearing today?
Jeans and shirt or sweater and skirt,
white coat, sandals, but no shoes that hurt!

**Clothes, clothes we must wear,
every day and everywhere.**
Policeman and pilot,
please do say:
What are you wearing today?
Shirt and tie and uniform,
a special cap will keep you warm.

**Clothes, clothes we must wear,
every day and everywhere.**
Cook and teacher,
Please do say:
What are you wearing today?
Trousers, jacket or a dress.
If it fits, it will impress.

**Clothes, clothes we must wear,
every day and everywhere.**

Mitmachseite, Rhyme

Jobs

1 Read.

2 Talk.

She is wearing a blue uniform.
She has a special hat on her head.
She is a policewoman.

He is wearing a white jacket with black buttons.
He is wearing a chef's hat.
He is a cook.

He is wearing a uniform.
He is wearing a white shirt and a tie.
He is a pilot.

He is wearing blue overalls and a blue cap.
He is wearing white gloves.
He is a mechanic.

She is wearing a white coat and a light blue blouse.
She has got a stethoscope.
She is a doctor.

That's me!

3 Read.

Hi, we're Ruby and Rose from York.
Our father is a bus driver.
He drives a big red double-decker bus.
Our mother is a teacher at a primary school.
We want to be mechanics, because we like cars.
What about you?

40
forty

Übungsseite

Dialogues

1 Guess what job it is.

"This person is wearing brown overalls and a yellow T-shirt."

"It's a mechanic."

2 Talk. What's wrong?

"What is the policeman wearing?"

policeman

"The policeman is wearing a red T-shirt."

"What is the ... wearing?"

cook

"The ... is wearing ..."

"What's wrong?"

shop assistant

"A shop assistent isn't wearing a uniform."

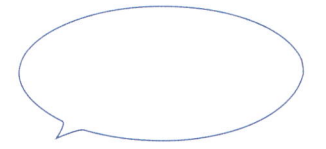

mechanic

Dialogseite

41
forty-one

City Mouse and Country Mouse

2.24 **1** Listen.
2.26

2 Read.

Picture 1

Country Mouse is very poor.
He lives in a small house in the country.
He sleeps in a small simple bed.

Picture 2

City Mouse is very rich.
He lives in a beautiful big house in the city.
He sleeps in a very big and comfortable bed.

Picture 3

Welcome, cousin. Nice to see you in the country. Let's have dinner together.

Yes, I'm very hungry.

The two mice are cousins.
Country Mouse invites City Mouse to his house in the country.

42
forty-two   Storytelling

City Mouse and Country Mouse

Picture 4

Oh, I'm so sorry, cousin. I don't like your small house and I don't like your simple food. There is delicious food at my house in the city.

Picture 5

Come with me to my beautiful big house.

That's a good idea! Let's go to your house in the city.

Picture 6

Oh, what a wonderful house! I like your house, cousin. It is so big and the furniture is so beautiful.

Storytelling

City Mouse and Country Mouse

2.25 **1** Listen.

2 Read.

Picture 7

And look at all the food on the table! I like your food. It's delicious!

Picture 8

Oh no, a cat. I don't like cats! I hate cats!!!

Picture 9

bow wow

And I don't like big loud dogs! I hate dogs!!!

Storytelling

City Mouse and Country Mouse

Picture 10

I'm sorry, cousin, but I can't stay here. I don't like cats and I don't like dogs.

Picture 11

You live in a beautiful house with a lot of delicious food. But it's too dangerous and too noisy. I have to go home to my house in the country. Bye-bye.

Picture 12

I'm so happy to be home again. It's nice and quiet. I love the country and I love to have my simple dinner in peace.

Storytelling

Thanksgiving

2.30 1 Listen.

→ 22

46
forty-six

Auftaktseite mit My words
1. What date is it? 2. What is the family having? 3. What is your favourite food?

Thanksgiving

1 Listen.

2 Read.

3 Say.

History

In 1620 the Pilgrim Fathers sailed from England to America on their ship "Mayflower". It was cold and they had nothing to eat.

The Native Americans helped the settlers to plant corn, pumpkins and beans.

In 1621 they had enough to eat and celebrated their first Thanksgiving together.

Rhyme: Let's be thankful

Let's be thankful for this day,
for our friends and for our play.
Let's be thankful, let's be glad,
for our food and the things we have.
Let's give thanks for you and me
and our home and family.

Prayer

Thank you for the world so sweet,
Thank you for the food we eat,
Thank you for the birds that sing,
Thank you God for everything.

Mitmachseite, Song and rhyme

Christmas in Australia

2.35   **1** Listen. 26

48
forty-eight

Auftaktseite mit My words
1. What time of the year is it?   2. Where is the family?   3. What is Santa Claus doing?

Valentine's Day

1 Listen.

2 Read.

I'm sending this because I want to say, You are special! Happy Valentine's Day!

Roses are red, violets are blue. I just can't stop thinking of you.

Roses are red and violets are blue. Sugar is sweet and so are you.

Valentines, valentines, red, white and blue. I'll make a nice one and send it to you.

Song
It's nice to get a hug from you, hug from you, hug from you. It's nice to get a hug from you, So, let's give one right now.

February 14th

Sugar is sugar and tea is tea. I love you. Do you love me?

I love you, I love you with my heart and soul. If I had a donut, I'd give you the hole.

Auftaktseite mit My words
1. What is your favourite rhyme? 2. Learn a rhyme by heart. 3. When is Valentine's Day?

Welcome →🔊 29

1.03
1.04

Africa	Asia	Australia	Europe
North America	South America	continent	ocean
fish and chips	fruit salad	rice and veggies	stew

Unit 1: Hello →🔊 30

1.09
1.10

bakery	bank	hospital	police station
post office	school	station	supermarket
lollipop lady	bike	bell	brake
helmet	lights	go by bus	go on foot

Unit 2: My day →🔊 31

1.16
1.17

in the morning	in the afternoon	in the evening	at night

50
fifty

My words

get up	have breakfast	go to school	do homework
meet friends	watch TV	read a book	get ready for bed

Unit 3: My body → 32

1.23
1.24

climbing wall	hopscotch	biking test	sack race
bend	jump	lift	pull
push	roll	run	throw

Unit 4: My friends and me → 33

1.32
1.33

curly red hair	green eyes	freckles	small
tall	old	new	long
short	hot	cold	make a phone call

My words

51
fifty-one

Unit 5: At the zoo → 34

1.39
1.40

crocodile	elephant	flamingo	giraffe
hippo	kangaroo	lion	monkey
penguin	polar bear	snake	tiger
zebra	zookeeper	dive	run fast

Unit 6: A visit to London → 35

2.01
2.02

Big Ben	Buckingham Palace	Film Studios	Houses of Parliament
Hyde Park	London Eye	London Zoo	Piccadilly Circus
Tower Bridge	Tower of London	King and Queen	guard
uniform	send a message	be on a bus tour	visit

My words

Unit 7: Fruit and vegetables 🔊 36

broccoli	carrot	cauliflower	cucumber
garlic	leek	lemon	lettuce
melon	onion	red pepper	pineapple
plum	potato	tomato	salt and pepper
buy vegetables	cut	slice	make soup

Unit 8: At home 🔊 37

pirate	pirate ship	treasure box	cellar
fireplace	wall	bottle	bowl
glass	mug	plate	fork
knife – knives	spoon	dig a hole	lay the table

My words

53
fifty-three

Unit 9: Clothes and jobs → 38

2.18
2.19

baker	bus driver	cook	doctor
mechanic	nurse	pilot	policewoman
shop assistant	teacher	accident	ambulance
police car	taxi	help	What happened?

Unit 10: City Mouse and Country Mouse → 39

2.23

city	country	mouse – mice	dining room
hall	furniture	food	nuts
sharp teeth	whiskers	have dinner	invite

54 fifty-four My words

Unit 11: Thanksgiving 🔊 40

family dinner	beans	corn	cranberry sauce
peppers	pumpkin pie	sweet potatoes	turkey
pilgrims	Mayflower ship	plant	celebrate

Unit 11: Christmas in Australia 🔊 41

barbecue	beach	Christmas decoration	sing Christmas carols

Unit 11: Valentine's Day 🔊 42

 heart	 rose	violet	write a Valentine card

More opposites 🔊 43

big and small	black and white	clean and dirty	fast and slow
happy and sad	left and right	old and young	soft and loud

My words

55
fifty-five

Our exciting Nelly Quiz

1. Read.

2. Find the answers. Use your Pupil's Book.

Unit 1: Where is Nelly?

Unit 2: What does Nelly do in the morning?

Unit 3: Which race does Nelly win?

Unit 4: What does Nelly want to buy?

Unit 5: Who has stolen Nelly's rucksack?

Unit 6: What does Nelly have in London?

Unit 7: Which fruits does Nelly buy?

Unit 8: What is Nelly doing on the pirate ship?

Unit 9: What is Nelly wearing?

Final question: Where does Nelly come from?

Unit 1: in the playground
Unit 2: Nelly has breakfast
Unit 3: she can race
Unit 4: a computer
Unit 5: the monkey
Unit 6: fish
Unit 7: apples
Unit 8: She is hiding.
Unit 9: a school uniform
Unit 10: from Scotland

Rückblick auf die Units 1 bis 9

INHALTSVERZEICHNIS

4	**Vorwort**
5	**Anregungen**
9	**Wintergeschichte**
	Winter: Lena und Valentin
	Arbeitsblätter
19	Der Teich im Winter
20	Tiere im und am Teich
22	Ein Pflegeplatz für den Igel im Winter
23	In der Igelstation
24	Spuren im Schnee, Tierrätsel
25	Spuren im Schnee – Memo, Bilder
26	Spuren im Schnee – Memo, Texte
27	Darum gibt es den Winter
28	Lesekontrolle: Wochentage
29	Lesekontrolle
30	Zusammengesetzte Nomen
31	Wanderdiktate, Winterschlaf und Der Igel im Winter
32	Schlangensätze
33	Im Winter, Gedicht
34	Monate
35	Meisenglocke basteln
36	Schoko-Crossies, Winterrezept
37	Schoko-Crossies, Rechengeschichten
38	Winterausmalbild
39	Wintermonate
40	Winter-Rap
41	Jahreszeitenlied: Ich lieb´ den Frühling
42	„Der Winter" von Antonio Vivaldi 1
43	„Der Winter" von Antonio Vivaldi 2
44	Stell dir vor ...
45	Winterspiele im Schulzimmer
46	Winterspiele im Freien
47	**Lösungen**

VORWORT

WINTER Der Winter, jedes Jahr ein aktuelles Thema, wird mit diesem Ordner ganzheitlich und fächerübergreifend behandelt. Der achtsame, respektvolle Umgang mit den Mitmenschen, der Natur und der Umwelt liegt uns besonders am Herzen.

LESEHEFT Die Geschichte von Lena und Valentin orientiert sich an der Erlebniswelt der Kinder. Sie führt in das Thema Winter ein. Wir erleben mit Lena und Valentin eine Woche im Winter. Wir erfahren, wie sie leben, streiten, sich versöhnen, basteln, kochen, spielen und Verantwortung übernehmen.
Das Leseheft ist als Vorlage integriert, damit es für jedes Kind kopiert werden kann.

ARBEITSBLÄTTER Viele Themen der Geschichte werden aufgegriffen und vertieft.

WENIGER VORBEREITUNG Wir beide, Lehrerinnen und Mütter, wünschen Ihnen viele spannende und bereichernde Lese-, Schreib-, Experimentier- und Arbeitsstunden mit den Kindern. Uns ist es ein großes Anliegen, Ihnen mit diesen Kopiervorlagen viel Vorbereitungszeit zu ersparen.

Marianne Grether
Johanna Heide-Liebetrau
im September 2004

ANREGUNGEN

LENA UND VALENTIN LESEHEFT

Eine Woche im Winter mit den Kindern Ihrer Klasse: Wie sieht eure Woche aus? Was ist im Winter besonders? Die Kinder führen eine Woche lang Tagebuch. Was ist ein Tagebuch? Es gibt ganz persönliche Tagebücher und solche, die auch von anderen gelesen werden können und sollen.

In ein Tagebuch passen: Schule, Freizeit, Familie, alltägliche und besondere Ereignisse. Jeden Tag einige Tagebucheinträge vorlesen lassen (freiwillig).

Tagebuch weiterführen (persönliches Tagebuch), z. B. mindestens drei Einträge pro Woche sind Pflicht. Die Lehrkraft liest die Einträge (freiwillig) und schreibt einen kleinen Kommentar dazu. So entsteht ein wertvoller Briefwechsel.

Verwenden Sie das Leseheft auch als Arbeitsheft: Nomen braun übermalen, Verben blau, Bilder ausmalen (evtl. mündliche Anleitungen dazu), Bilder beschriften, usw.

Vorlesen üben: Jedes Kind übernimmt einen Teil der Geschichte, den es für das Vorlesen gut übt.

ARBEITSBLÄTTER MENSCH UND UMWELT

Der Teich im Winter
- Unternehmen Sie mit den Kindern einen Ausflug an einen Teich.
- Was tun all die Tiere, die am Teich leben, im Winter? Tierbücher oder die Suchmaschinen im Internet geben Auskunft.

Tiere im und am Teich
- Lassen Sie die Kinder zusätzliche Informationen über Stockente, Ringelnatter Wasserspitzmaus und Wasserschnecken einholen.
- Die Kinder stellen ihre Erkenntnisse den anderen vor.

Ein Pflegeplatz für den Igel im Winter
- Wer von euch hat schon einmal versucht, ein freilebendes Wildtier zu retten? Wie macht man das artgerecht? Wie macht man das bei Vögeln und wie bei Amphibien? Wo kannst du dich erkundigen?
- Habt ihr Haustiere? Welche? Worauf achtet ihr bei der Pflege eurer Haustiere?

In der Igelstation
- Im Internet z.B. unter www.igelstation-hs.de nachschauen.
- Einen Igel aus Ton formen, halbierte Zahnstocher als Stacheln verwenden.

Spuren im Schnee, Tierrätsel
- Weitere Tierrätsel erfinden.
- Hausaufgabe: Im Schnee Spuren suchen und möglichst genau abzeichnen.

Spuren im Schnee – Memo, Bilder
- Memo auf festes Papier kopieren, laminieren und spielen. Vielleicht kommen noch zwei oder vier eigene Karten dazu (leere Karten in derselben Größe bereitstellen).

Spuren im Schnee – Memo, Texte
- Partnerarbeit: Karten kopieren, zwischen Tiernamen und Text falten, einander abfragen.

Darum gibt es den Winter
- Den schwierigen Sachverhalt der Jahreszeiten mittels Modellen demonstrieren.
- In Büchern und im Internet weitere Erklärungen zu den Jahreszeiten suchen lassen und diese besprechen.

LESEVERSTÄNDNIS

Lesekontrolle: Wochentage
- Schreiben Sie ein eigenes Kontrollblatt für die Wochentage, passend zu Ihrer Klasse und den Ereignissen der aktuellen Schulwoche.
- Die Kinder erfinden selbst Fragen zur Geschichte, die mit einem Wochentag beantwortet werden können.

Lesekontrolle
- Fallen stellen: Die Kinder wählen einen Satz aus dem Heft und verändern ihn geringfügig. Stimmt der Satz oder wurde er verändert?
- Mündliche Hausaufgabe: Die Kinder überlegen sich drei Sätze, die sie den Mitschülerinnen und Mitschülern vortragen. Sind diese Sätze richtig oder falsch?

GRAMMATIK UND ORTHOGRAFIE

Zusammengesetzte Nomen
- Lassen Sie die Kinder weitere zusammengesetzte „Winternomen" suchen.
- Ratespiel: Die Kinder stellen verschiedene zusammengesetzte Nomen pantomimisch dar (z. B. Schlafmütze, Türklinke, Haustüre).

Wanderdiktate, Winterschlaf und Der Igel im Winter
- Die Kinder beschaffen sich weitere Informationen zum Winterschlaf verschiedener Tiere, indem sie andere Kinder oder Erwachsene fragen oder Lexika und Internet benützen.
- Besprechen Sie das Vorgehen bei Wanderdiktaten: Die Kinder schauen mindestens ein Wort genau an, zählen innerlich auf zwanzig, schreiben am Platz und sehen bei Unsicherheit nochmals nach. Das Heft bleibt am Platz.
- Lassen Sie falsch geschriebene Wörter in eine persönliche Rechtschreibkartei aufnehmen.

Schlangensätze
- Schnelle Kinder kreieren für die Klasse eigene Arbeitsblätter mit Schlangensätzen.
- Mit schwächeren Schülerinnen und Schülern suchen Sie gemeinsam die Nomen und besprechen sie.

GEDICHTE	Im Winter, Gedicht

- Wie lernst du am besten auswendig? Hast du einen heißen Tipp?
- Andere Wintergedichte suchen oder suchen lassen und im Zimmer aufhängen.
- Persönliches Gedichtheft für gesammelte und selbst geschriebene Gedichte beginnen.

Monate
- Eigene witzige Monatsgedichte schreiben und den anderen Kindern vortragen.
- Monatskalender im Schulzimmer aufhängen, alle wichtigen gemeinsamen Ereignisse eintragen: Geburtstage, Sporttage, Ferien, gemeinsames Fest, usw.

REZEPTE UND ANLEITUNGEN Meisenglocke basteln
- Aufklärung über die Fütterung der frei lebenden Vögel: Vögel sollten nur gefüttert werden, wenn es lange Zeit sehr kalt ist. Der Futterplatz dient vor allem uns Menschen zur Beobachtung der Tiere.
- Womit darf man die Vögel füttern?
- Hausaufgabe: eine Woche lang täglich zehn Minuten Vögel beobachten und die Beobachtungen aufschreiben.

Schoko-Crossies, Winterrezept
- Weitere Winterrezepte zusammentragen, aufschreiben und für die Klasse kopieren (z. B. Heiße Schokolade, Winterpunsch, Rote-Beete-Salat). So entsteht ein kleines Winterrezept-Heft.

Schoko-Crossies, Rechengeschichten
- Weitere Rechengeschichten erfinden lassen.

MALEN UND GESTALTEN Winterausmalbild
- Winterfarben: kalte Farben – warme Farben herausarbeiten.
- Beim zweiten Ausmalbild gemeinsam ruhige, meditative Musik hören. Als Voraussetzung muss eine besinnliche Atmosphäre herrschen.
- „Mein schönstes Winterbild" zeichnen und malen lassen.

Wintermonate
- Bilder aufhängen oder gemeinsam betrachten.
- Die Kinder können ihre Monatsbilder nach dem Lösen des Arbeitsblattes auch auf größeres Papier malen.
- Jedes Kind malt seinen Lieblingsmonat in Großformat.
- Wer findet Verben bzw. Adjektive, die zu den drei Wintermonaten passen?

MUSIK Winter-Rap
- Klasse in zwei Gruppen teilen. Eine Gruppe spricht den Rap, die zweite Gruppe singt ein gemeinsam gelerntes Winterlied dazu. Abwechselnd singt bzw. rappt eine

Gruppe etwas lauter, die andere sehr leise.
- Wer erfindet den coolsten Winter-Rap? Arbeit zu zweit oder in der Gruppe und anschließendes Vortragen.

Jahreszeitenlied: Ich lieb` den Frühling
- Den Refrain mit körpereigenen Instrumenten begleiten (klatschen, stampfen ...).
- Andere Jahreszeitenlieder lernen.

„Der Winter" von Antonio Vivaldi 1
- Gemeinsam klassische Musik hören.
- Einzelne Kinder stellen den anderen klassische Musik vor, die sie von zu Hause mitgebracht haben.
- Die Geige genauer vorstellen.
- Instrumente: Wer spielt ein Instrument? Welches? Wer könnte uns ein Instrument vorstellen? (Eltern, Freunde)

„Der Winter" von Antonio Vivaldi 2
- In einer zweiten Woche dieses Experiment mit einem anderen Stück wiederholen.
- Anschließend über das Experiment reden bzw. schreiben.

Stell dir vor ... Winterträume mit Musik von Antonio Vivaldi
- Der Text kann auch von der Lehrkraft vorgelesen werden.
- Die Kinder denken sich eigene Winterbilder aus, schreiben sie auf und lesen sie einander vor.

SPIELE UND BEWEGUNG

Winterspiele im Schulzimmer
- Der Schneeflocken-Transport kann gut als Ritual gespielt werden, z. B. während des ganzen Winters immer am Donnerstag Nachmittag. Können wir uns verbessern?
- Gemeinsame Winterspiele-Sammlung.

Winterspiele im Freien
- Plakat mit weiteren Ideen für Winterspiele gestalten.
- Fotografieren Sie die Schneetiere. Jedes Kind der Gruppe erhält ein Foto und beschreibt das gemeinsame Erlebnis.

Winter

Lena und Valentin

von Marianne Grether und
Johanna Heide-Liebetrau

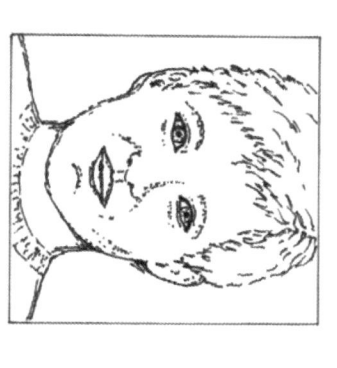

Ich heiße Lena.
Ich habe langes, braunes Haar und bin neun Jahre alt.
Was ich besonders mag: Tiere und möglichst viel Freizeit.
Was ich gar nicht mag: Hausaufgaben.

Ich heiße Valentin.
Ich habe kurze Haare und werde bald acht Jahre alt.
Was ich besonders mag: basteln, im Freien spielen.
Was ich gar nicht mag: eine schlecht gelaunte Schwester.

14.30 Uhr

„Komm, Lena, wir gehen raus und bauen eine Schneehütte." „Geh du schon mal, ich will dieses Kapitel noch zu Ende lesen und komme dann auch." Valentin zieht sich warm an und verschwindet. „Das muss ja ein spannendes Buch sein", denkt er mürrisch. Beim Schneeschaufeln vergisst er aber seinen Ärger bald wieder. Er freut sich auf die Mithilfe seiner Schwester. Zu zweit wird es sicher lustiger!

17.00 Uhr

Lena und Valentin sitzen erschöpft, aber glücklich und stolz in ihrer Schneehütte. Sie trinken warmen Orangenpunsch und essen die feinen selbst gemachten Schoko-Crossies. „Winter ist einfach eine mega-lässige Jahreszeit!", schwärmt Valentin.

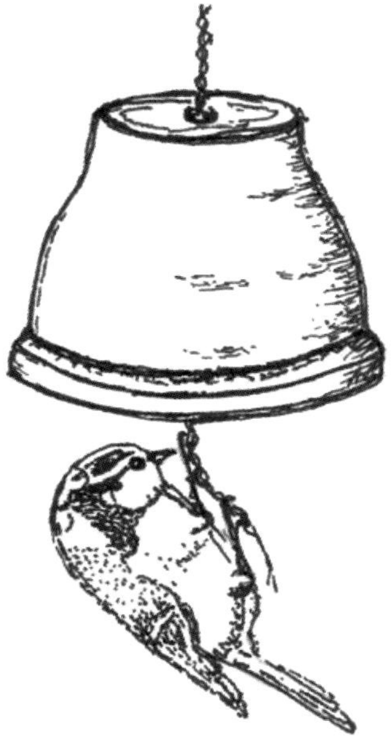

Wir leben mit unseren Eltern am Birkenweg 10b.
Wir sind glücklich, einen Garten, nette Nachbarn, viele Freundinnen und Freunde zu haben. Mehr über uns werdet ihr gleich erfahren.
Viel Spaß beim Lesen der Wintergeschichte!

Sonntag

10.00 Uhr

„Oh, Papa, basteln wir heute die Meisenglocke für die Vögel, so wie Max? Du hast es uns doch versprochen", bettelt Valentin. „Ja, stimmt, heute haben wir Zeit", antwortet der Vater. „Lena, willst du auch mitmachen?" „Ja, klar." Gemeinsam lesen sie die Anleitung und so entstehen Schritt für Schritt zwei schöne Meisenglocken. Sofort hängen sie sie im Garten auf. Das Vogelparadies ist bereit!

Montag

15.30 Uhr

„Puh, heute ist es aber kalt!", stöhnt Valentin auf dem Heimweg. „Und ich habe doch glatt meine Handschuhe zu Hause vergessen!" „Dafür ist jetzt die Schule aus, juhu! Komm, Vali, wir rennen, das macht warm!", entgegnet ihm Alexander fröhlich. Alexander ist Valentins bester Freund. Er ist glücklich, weil die Schule endlich zu Ende ist. Plötzlich entdecken sie etwas auf der Straße. Es bewegt sich sehr langsam, ist stachlig. — „Schau, Valentin! Siehst du das?" Das stachlige Etwas erschrickt und rollt sich zu einer Kugel zusammen. Es schützt sich vor der Gefahr.

Lena, Valentins Schwester, und ihre Freundin Sabrina kommen hinzu und betrachten ebenfalls diese stachlige Kugel.

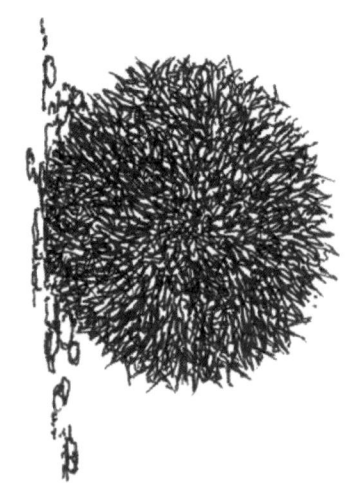

14.00 Uhr

Nach dem Mittagessen machen Mama, Papa, Lena und Valentin einen Ausflug zum Teich. „Dürfen wir heute unsere Schlittschuhe mitnehmen?", fragt Lena. Letzte Woche war die Eisschicht des Teiches leider noch zu dünn. „Ja, das dürft ihr." „Juhui!", jubeln Lena und Valentin gleichzeitig. Voller Vorfreude packen sie alles ein. Schlittschuh laufen macht so viel Spaß! Vor allem auf einem zugefrorenen Teich.

19.15 Uhr

Vor der Gutenacht-Geschichte, die heute der Vater vorliest, versorgt Lena Iwan. Jeden Abend muss sie sein Futter erneuern und alles sauber machen. Lena ist glücklich. Iwan wiegt schon fast 700 Gramm, er hat also schon ein wenig zugenommen. Es geht ihm gut. Heute gibt sie ihrem Igel sogar Seidenpapier. Das liebt er. So hat er es etwas weicher. Im März muss sich Iwan in der Igelstation die Krallen schneiden lassen. Das dürfen sie nicht vergessen.

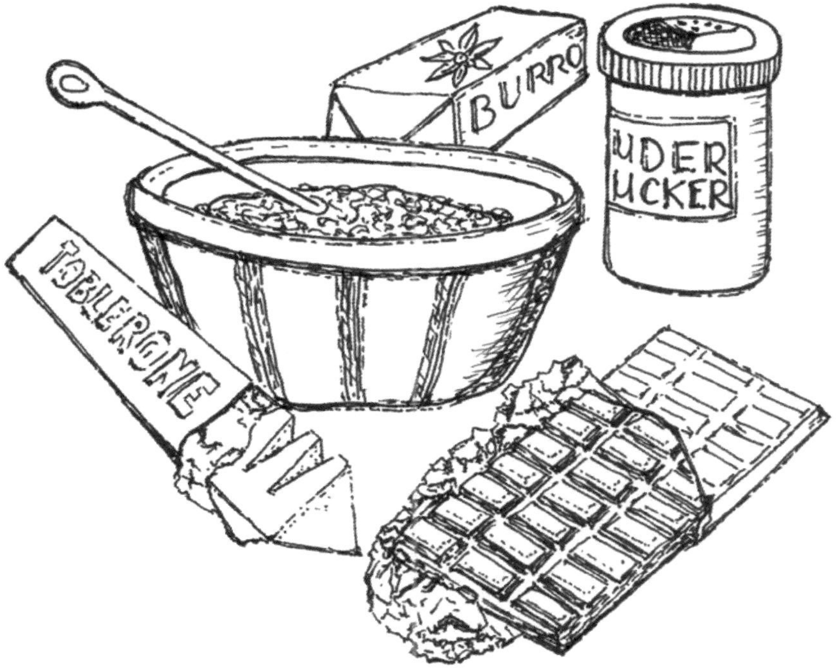

„Was macht denn ein Igel im Dezember auf der Straße?", fragt Lena entsetzt. „Igel sollten doch jetzt schlafen!" „Echt, machen Igel einen Winterschlaf?", fragt Sabrina. „Klar! – Was sollen wir tun? – Wir müssen den Igel sofort zur Igelstation bringen und ihm helfen! Sonst stirbt er. So hat er keine Chance zu überleben!", antwortet Lena aufgeregt. Lena liebt Tiere über alles. Ratlos stehen sie da. „Was sollen wir tun?"

Zum Glück kommt Frau Burkhardt vorbei. Sie hilft den Kindern. Gemeinsam rufen sie die Igelstation an, informieren die Eltern und bringen den Igel zur Igelstation.

Samstag

9.00 Uhr

Lena und Valentin dürfen Schoko-Crossies herstellen. Zuerst lesen sie das Rezept. Sie schreiben auf, was noch fehlt und gehen dann einkaufen. Das macht Spaß!

18.30 Uhr

Beim Abendessen erzählen Lena und Valentin alles ganz genau. „Mama, ich möchte den Igel so gerne zu uns nehmen", sagt Lena fröhlich aufgeregt. „Wir könnten ihm doch im Keller einen Platz einrichten. Dann ist er im Frühling wieder fit und gesund. Mama, das wäre so toll", schwärmt Lena ihrer Mutter vor.
Mama und Papa sind weniger begeistert. „Das ist nicht so einfach. Igel sind keine Haustiere. Wir werden sehen."

9.00 Uhr

Völlig durchnässt, aber strahlend und mit roten Gesichtern, kommen Lena und Valentin nach Hause. Die Kinder sind fröhlich, die Eltern besorgt. „Wo wart ihr? Ihr dürft doch nicht einfach weggehen! Wir haben uns solche Sorgen gemacht", empört sich die Mutter. „Ihr hättet doch zumindest einen kleinen Zettel schreiben können, wo ihr seid und wann ihr wiederkommt", meint der Vater. „Entschuldigung, wir haben es vergessen." „Wir waren eben so aufgeregt", versucht sich Valentin zu erklären. „Ist ja schon gut. Aber macht das nie wieder."

Dienstag

7.30 Uhr

„Tschau Mama!", rufen Lena und Valentin gleichzeitig. Sie lachen. Heute gehen sie zusammen zur Schule, weil der Unterricht bei beiden um 8.00 Uhr beginnt. Valentin hat seine Handschuhe dabei. Gestern war es so bitter kalt! „Hoffentlich gibt es endlich Schnee! Ich will Schlitten fahren und eine Schneehütte bauen", sagt Valentin ungeduldig. Er spielt nämlich fürs Leben gern draußen.

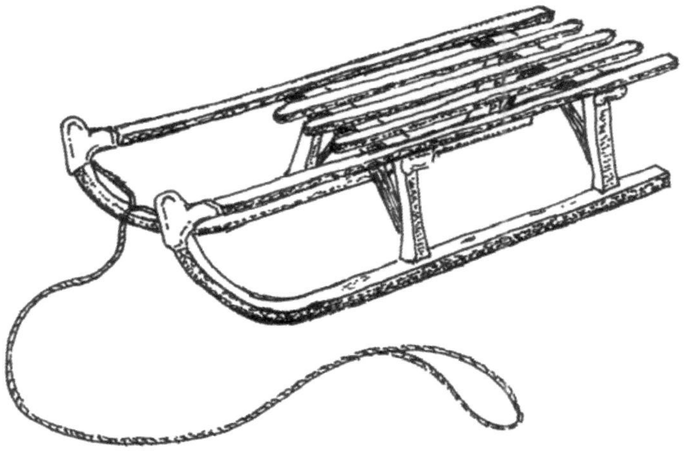

„Komm, Lena, wir schleichen leise raus und gehen spielen", flüstert Valentin seiner Schwester begeistert zu. Endlich, endlich ist der Schnee da! „Schau, siehst du das? Eine Spur! Drei Striche zeigen nach vorn und einer nach hinten, was könnte das sein?" „Das ist die Spur eines Vogels, vielleicht die einer Amsel oder einer Elster", informiert Lena ihren Bruder. „Schau! Da ist noch eine Amsel vorbeigetrippelt!", ruft Valentin freudig aufgeregt. „Oh schau, das könnte ein Hase gewesen sein. Siehst du hier die Spur?" „Ja, komm, wir verfolgen sie", schlägt Valentin vor.

„Mm – du – hoffentlich dürfen wir den Igel zu uns nehmen", denkt Lena laut. Ihr ist der Igel im Moment wichtiger als der fehlende Schnee. Sie denkt nur noch an den Igel. Sie sucht einen Namen für ihn. „Iwan, Iwan, Iwan ...", murmelt sie vor sich hin. „Ja, Iwan, Iwan, das ist ein schöner Name für einen Igel."

„Hallo! Lena!", ruft ihr ihre Freundin Sabrina zu. „Hi, Sabrina! Du, wie gefällt dir der Name Iwan?" „Iwan? – Gut, warum?"
Nun kommt Alexander noch dazu. Zu viert schlendern sie weiter zur Schule. Wild durcheinander plaudern sie vom Schnee und vom Igel. Es ist schön, Freundinnen und Freunde zu haben. Sie fühlen sich glücklich und stark.

Freitag

6.45 Uhr

„Schau, schau, Lena!" Valentin weckt seine Schwester aufgeregt. „Was ist los? Pssst! Sei doch still! Mami und Paps schlafen noch", flüstert Lena. „Schau, schau, alles ist weiß! Es hat geschneit, juhui! Zum Glück fällt heute die Schule aus."
„Win – ter kommt jetzt ju – pi – hee, al – les weiß von all dem Schnee", spricht Lena, zuerst leise und dann immer lauter und klarer.
Das gefällt Valentin und er spricht auch mit.
„Seid doch still!
Es ist noch
nicht einmal
sieben Uhr!
Wir wollen noch
schlafen!", ruft
die Mutter
genervt aus
dem Schlaf-
zimmer.

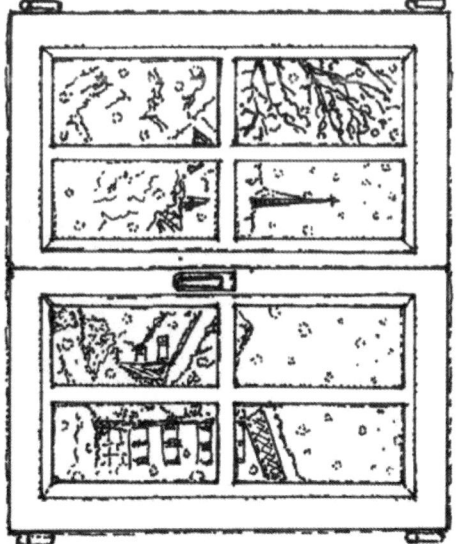

Mittwoch

14.00 Uhr

„Also, tschau, bin um sechs Uhr wieder da!", ruft Valentin. Er hat sich mit Alexander verabredet. Sie spielen fast jeden Mittwochnachmittag zusammen im Freien. Darauf freut sich Valentin die ganze Woche. Alexander lebt nämlich auf einem Bauernhof. Was es da alles zu entdecken gibt! Ben, der Hund, begrüßt Valentin laut bellend. Er krault ihn und sagt: „Hallo, Ben, schön, dich zu sehen." Beim ersten Besuch hier hatte Valentin noch Angst vor ihm. Aber nun ist auch Ben sein Freund geworden.

„Hallo! Alex! Ich bin da! Wo steckst du? – Alex!" „Da bin ich!" Valentin wird von vier laut schnatternden Gänsen empfangen. Mutig marschiert er an den Gänsen vorbei. Er begrüßt seinen Freund. Sie sitzen nebeneinander auf dem dicken Lieblingsbaum von Alex.

Ein kleiner Bruder, der so gerne Hausaufgaben macht, kann vielleicht nerven, denkt sie. „Du hast aber eine Stinklaune", stichelt Valentin. „Ach, lass mich doch in Ruhe!" Lena rennt in ihr Zimmer und schlägt die Türe zu. Valentin bleibt mit einem mulmigen Gefühl im Bauch zurück. Das mag er gar nicht, eine schlecht gelaunte Schwester.

17.30 Uhr

Im Keller richten Lena, ihre Freundin Sabrina, Valentin und Mama Iwans Platz ein. Glücklich, zufrieden und stolz zeigen die Kinder dem Igel Iwan sein neues Überwinterungsheim. Etwas verwirrt schnüffelt er an allem herum. Kurz danach verschwindet er im Kartonhaus, das ihm Valentin voller Freude gebastelt hat.

Danach spielen sie Fangen. Das macht Spaß! –
„Oh, Vali, fast hätte ich es vergessen, wir müssen
Paps noch etwas helfen. Komm!"
Heftig keuchend kommen sie in der Scheune an.
Der Vater hat im Wald kranke Bäume gefällt. Nun
helfen Alexander und Valentin, das Holz abzuladen.

Donnerstag

7.00 Uhr

„Juhui, Mami, vielen Dank. Ich freue mich ja so!",
schreit Lena aufgeregt und gibt ihrer Mutter einen
dicken Kuss auf die Wange. „Ich freue mich auch,
mein Schatz, aber wir holen Iwan erst am Nachmittag."

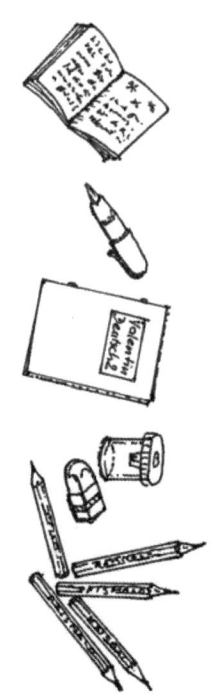

15.30 Uhr

„Ihr müsst noch eure Hausaufgaben erledigen,
bevor wir Iwans Platz einrichten", teilt die Mutter
ihren Kindern mit. „Ach, immer diese Hausaufgaben! Wie ich das hasse!", stöhnt Lena. Ich bin
froh, dass ich Hausaufgaben habe. Ich hätte am
liebsten noch mehr, denkt Valentin für sich. „Ich
muss Fragen zum Thema Winter beantworten. Hör
zu, Lena, weißt du das?" „Keine Lust, mach doch
deine doofen Aufgaben selbst!", antwortet Lena
wütend.

Der Teich im Winter

Lies und schreibe die richtigen Zahlen in die Kreise.

1. Im Winter können Stockenten zwei Wochen ohne Nahrung überleben.
2. Puh! Lena hat ihren Schlittschuh vergessen!
3. In der Winterstarre rührt sich die Ringelnatter überhaupt nicht.
4. Auch der Frosch ist im Winter in der Winterstarre.
5. Der Teich ist zugefroren. Jeden Tag wird die Eisschicht etwas dicker, weil die Temperaturen unter dem Gefrierpunkt liegen.
6. Das Reh hinterlässt eine Spur im Schnee.
7. Findest du den Fuchs?

Male ihn rotbraun aus.

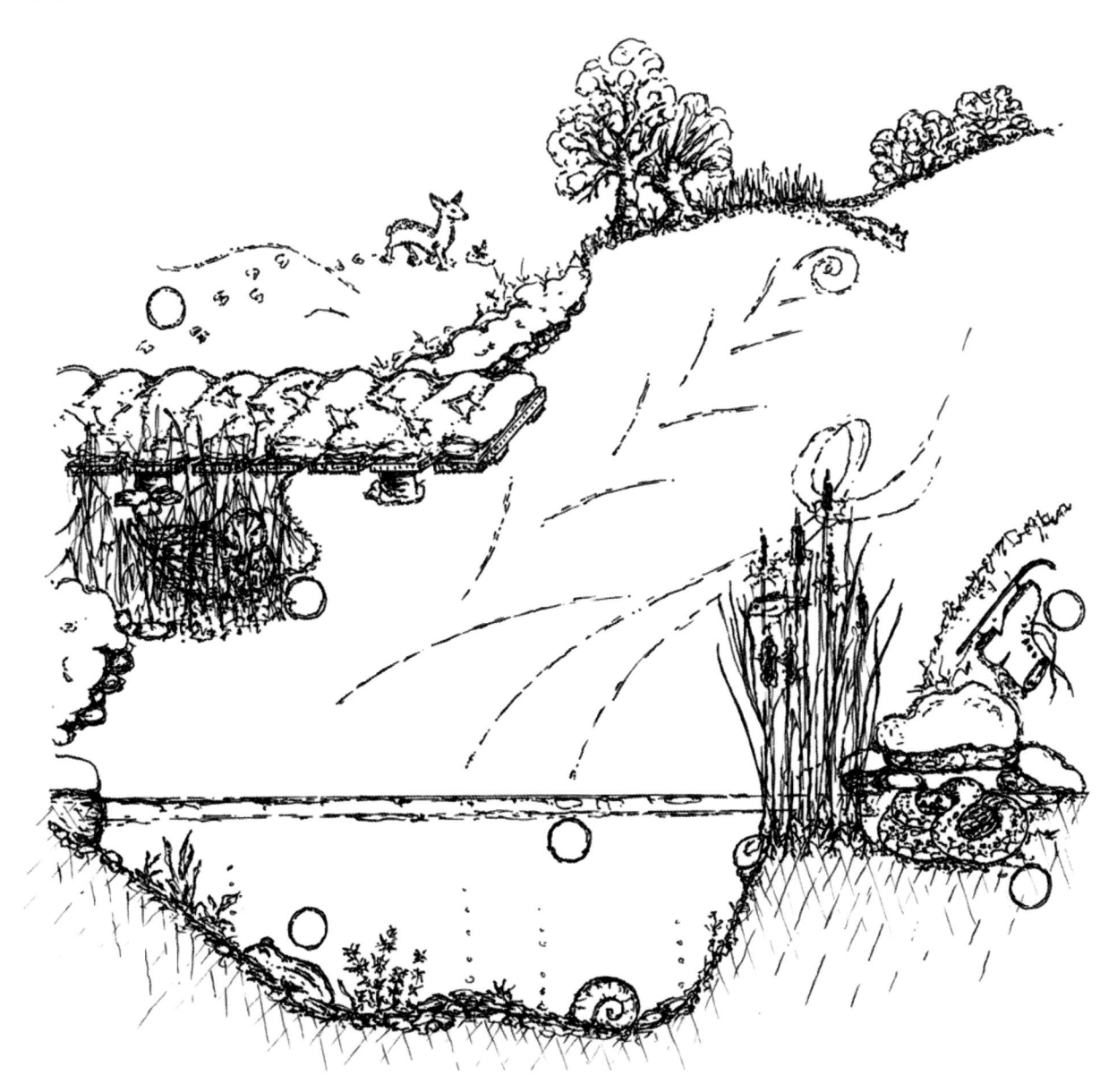

Tiere im und am Teich 1

Stockente, Ringelnatter

Stockenten paddeln mit den Füßen und schwimmen schnell. Die Schwimmhäute zwischen den Zehen helfen ihnen dabei. Sie fressen hauptsächlich Wasserpflanzen und Sämereien aller Art. Daneben ernähren sie sich von Insekten, Würmern, Schnecken und Fischen. Im Winter fressen sie sogar Eicheln.

Hast du auch schon Enten beobachtet, die immer wieder den Kopf ins Wasser eintauchen? Sie gründeln. Sie suchen am Grund des Teiches nach Nahrung. Die männliche Ente, der Erpel, ist bunt. Das Weibchen ist bräunlich gefleckt. Viele Stockenten bleiben auch im Winter im Brutgebiet, solange eisfreie Wasserflächen zur Verfügung stehen.

- Brauchen Enten im Winter eisfreie Wasserflächen? _____
- Fressen im Winter Stockenten manchmal auch Holz? _____

Schlangen leben vor allem in wärmeren Ländern. Es gibt etwa 2500 verschiedene Arten dieser Reptilien. Ein paar Hundert sind giftig. Auch bei uns leben einige Schlangen, zum Beispiel die **Ringelnatter**. Sie ist nicht giftig und für uns Menschen harmlos. Schlangen wachsen, ihre Haut aber nicht. Darum streifen sie regelmäßig ihre alte Schuppenhaut ab. Sie häuten sich. Schlangen können nicht hören. Sie ertasten und riechen ihre Beute mit der gespaltenen Zunge. Im Winter passt sich die Körpertemperatur der Schlangen der Umgebung an. Sie werden steif vor Kälte, fallen in Winterstarre und können sich nicht bewegen. Auch andere Tiere fallen im Winter in Winterstarre, z. B. der Frosch oder die Schnecke. Das ist etwas anderes als der Winterschlaf des Murmeltiers, der Fledermaus oder des Igels.

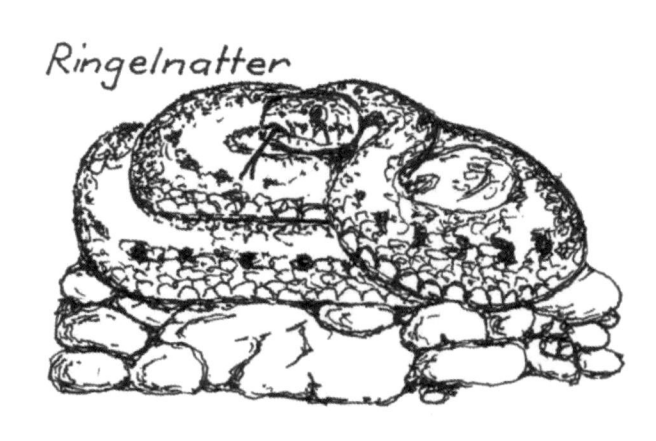

- Machen Schlangen einen Winterschlaf? _____
- Passt sich die Körpertemperatur der Schlangen der Umgebung an? ___

Tiere im und am Teich 2

Wasserschnecken, Wasserspitzmaus

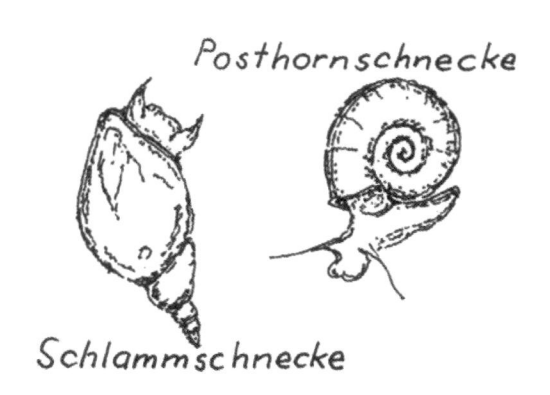

Nicht nur in Lenas und Valentins Garten hausen Schnecken. **Posthornschnecken** und **Schlammschnecken** leben im Wasser in unseren Teichen. Sie fressen Algen, faulende Pflanzen und tote Tiere. Zum Atmen kommen sie an die Oberfläche. Gibt es im Teich viel Sauerstoff, so müssen sie überhaupt nicht auftauchen. Die Schlammschnecke kann das Wasser auch verlassen und am Ufer herumkriechen. Die einheimischen Schnecken sind Zwitter: Jede Schnecke hat sowohl Eier, als auch Samen. Bei der Paarung tauschen zwei Schnecken ihre Samen aus. Danach legen beide Tiere Eier. Im Winter verfallen die Schnecken in die Winterstarre. So können die Wasserschnecken monatelang überleben.

- Kann die Posthornschnecke auch an Land kriechen? _____
- Wie heißt der unbewegliche Zustand der Schnecken im Winter? _____

Die **Wasserspitzmaus** ist ein flinkes, putziges Tierchen. Ihr schwarzer, samtiger Pelz lässt keinen Wassertropfen durch. Besondere Schwimmborsten machen ihre Hinterbeine zu perfekten Rudern. Sie schwimmt und taucht sehr geschickt. Am Ufer gräbt sie sich eine Wohnhöhle. Einer der Ausgänge liegt unter Wasser. In einer gepolsterten Nestkammer bringt das Weibchen die Jungen zur Welt. Stell dir vor: dreimal im Jahr sechs bis acht Stück! Die Wasserspitzmaus ist ein gefährlicher Jäger. Sie erbeutet Würmer, Schnecken sowie kleine Frösche, Fische, Vögel und Mäuse. Sie wird aber auch selbst gejagt: von Eulen, Wieseln und Raubfischen. Der Winter ist für die Wasserspitzmaus eine harte Zeit. Sie lebt an den Stellen des Teiches, die nicht zufrieren. So findet sie trotzdem das ganze Jahr Nahrung.

- Wie viele Junge kann eine Wasserspitzmaus im Jahr haben? _____

Ein Pflegeplatz für den Igel im Winter

Lena, Sabrina, Valentin und Mama richten im Keller einen Platz für den Igel Iwan ein. Lies die Sätze. Setze die folgenden Verben ein:
verteilen, ausräumen, trinken, bereitstellen, setzen, stellen, schrubben, fressen, holen, gehen, trinken

Als Erstes _____ sie den hinteren Teil des Kellers _____.
Sie _____ den Boden sauber. Mit umgekippten Tischen _____ sie eine Grenze. Nun _____ sie Zeitungen, Haushaltpapier und Heu auf dem Boden. Wasser und Futter _____ sie _____. Der Igel _____ Wasser und _____ Katzenfutter, Weinbeeren oder Nüsse. Milch darf der Igel auf keinen Fall _____. Als Letztes _____ Valentin sein selbst gebasteltes Kartonhaus und _____ es stolz in Iwans Überwinterungsheim.
Lass es dir gut _____, lieber Igel Iwan!

Zeichne den Igel Iwan in seinem Überwinterungsheim.

In der Igelstation

Lies, was Frau Burkhardt und die Kinder erfahren.

Mit ruhigen Händen untersucht Frau Haller den Igel. Er ist zu leicht für den Winterschlaf, er wiegt nur 700 Gramm. Der Igel bekommt eine Spritze gegen Flöhe.

Frau Haller erklärt: „Der Igel bleibt einige Tage bei uns. Ich bin froh, dass ihr ihn gebracht habt. Er wäre sonst erfroren oder verhungert. Wir geben ihm Nahrung und überprüfen den Kot. Wenn es ihm wieder besser geht und er ein wenig gestärkt ist, suchen wir ihm einen Pflegeplatz. Wir sind angewiesen auf Leute, die Igel zum Überwintern aufnehmen. Bei uns hätten nicht alle Tiere Platz.

Der Igel braucht ein Gehege, das mindestens zwei Quadratmeter groß und 40 cm hoch ist. Es ist auch ein Fenster im Raum nötig. So kann der Igel Tag und Nacht unterscheiden. Der Igel ist in der Nacht aktiv und schläft am Tag. Bei uns wird jeder Igel registriert und überprüft. Im März müssen die Krallen unter Narkose geschnitten werden. Im April kann der Igel wieder ausgesetzt werden."

Lena findet das sehr interessant. Sie möchte den Igel zu sich nach Hause nehmen.

Schreibe den passenden Satz zum Bild.

Spuren im Schnee

Tierrätsel

Lies folgende Rätsel. Klebe das richtige Tier und die entsprechende Spur zum Text ein. Schreibe den Namen des Tieres unter die Spur.

Tier	Spur

Seit etwa 1970 trifft man dieses Tier wieder in unseren Wäldern an. Diese Wildkatze ist etwa einen Meter lang und rötlich braun. Da dieses Tier seine Krallen einziehen kann, siehst du im Schnee nur den Fuß und die vier Zehen.

Bei dieser Tierspur sind die Krallen und die vier Zehen sichtbar. Dieses Tier hätte Lena beinahe mit einem Schäferhund verwechselt. Kein Wunder! Denn von diesem Tier stammt der Hund ab. Welches Tier ist das?

Es ist ein Raubtier und kann klettern und schnell laufen. Im Schnee erkennst du so viele Zehen, wie wir auch haben. Es gibt mehrere Arten dieses Tieres. Eine lebt in Eis und Schnee.

Dieses Tier gibt es überall bei uns in den Wäldern. Sein Fell ist im Winter graubraun, im Sommer braun. Dieser Pflanzenfresser hat Hufe. Die Spur kannst du im Schnee gut erkennen.

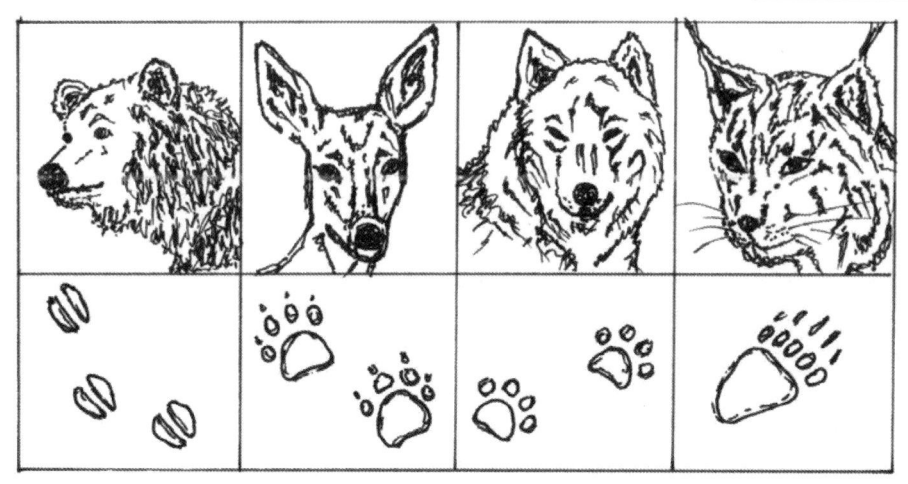

Spuren im Schnee – Memo

Bilder

25 Heide-Liebetrau/Grether: Den Winter erleben ab Klasse 2 © Brigg Pädagogik Verlag GmbH, Augsburg

Spuren im Schnee – Memo

Texte

Reh Im Schnee erkennst du die Hufe, sonst nichts.	**Bär** Bei dieser Spur sind fünf Zehenabdrücke sichtbar. Du siehst auch die Krallen.	**Hase** Seine Spur erkennst du an den langen Hinterpfoten und den kurzen Vorderpfoten.
Amsel Bei dieser Spur zeigen drei Striche nach vorn und einer nach hinten.	**Wildschwein** Der hintere Teil der Hufe erscheint als zwei abgetrennte Punkte.	**Luchs** Bei dieser Wildkatzenspur erkennst du eine große Pfote mit vier kleinen Zehen.
Milan Bei dieser großen Vogelspur zeigen drei Striche nach vorn und einer nach hinten.	**Wolf** Der Wolf kann seine Krallen nicht einziehen. Du siehst vier Punkte im Schnee.	**Lena barfuß** Diese Spur ist dir wohl bekannt. Bist du auch schon barfuß im Schnee gerannt?
Maus Die Spur ist winzig klein. Manchmal siehst du die Schwanzspur als feinen Strich.	**Valentin mit Schuhen** Diese Spur groß oder klein, kann nur von einem Kind mit Schuhen sein.	**Dachs** Bei dieser Spur mit langen Zehen sind Vorder- und Hinterpfoten dicht hintereinander.

Darum gibt es den Winter

Ungefähr in einem Monat umrundet der Mond die Erde. In einem Jahr umkreist er die Erde etwas mehr als zwölf Mal. Deshalb hat man das Jahr in zwölf Monate unterteilt. Alle vier Jahreszeiten dauern jeweils drei Monate.

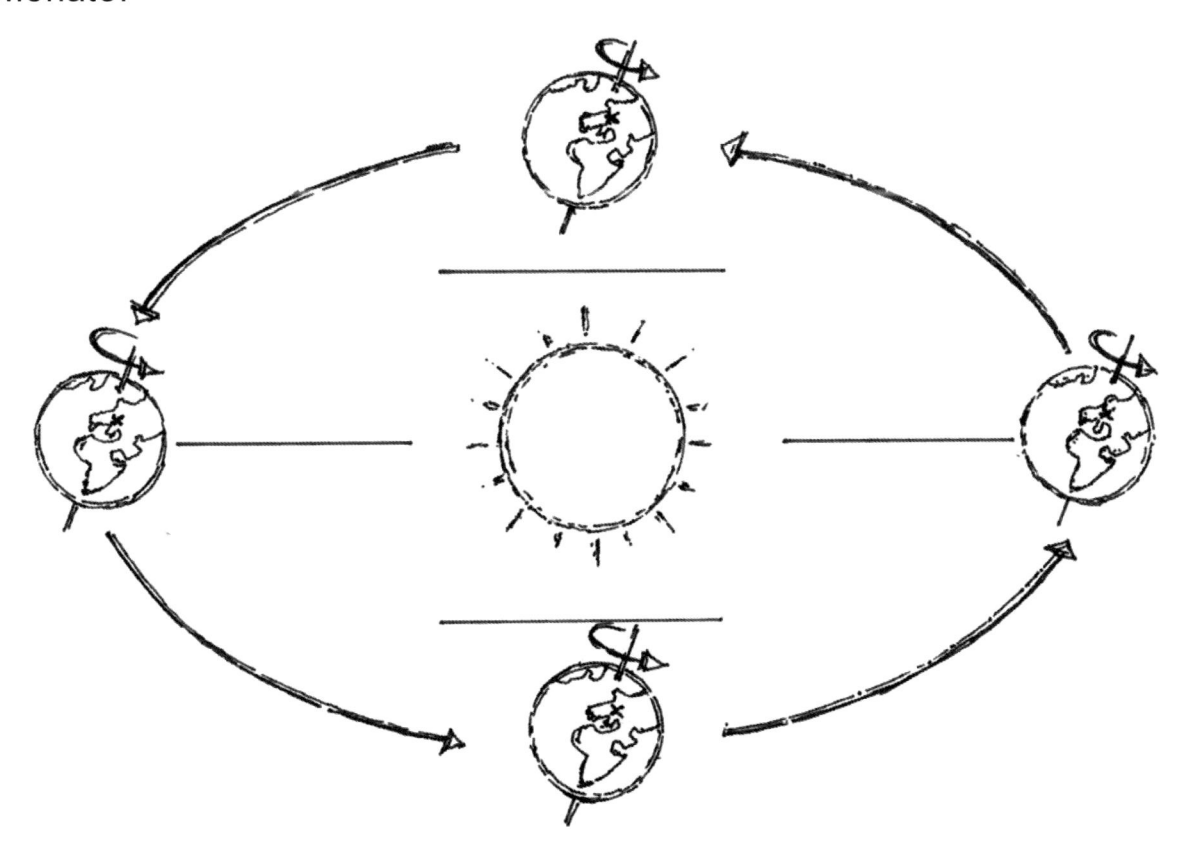

Die Erde dreht sich in einem großen Kreis um die Sonne. Für die Umkreisung braucht die Erde ein Jahr, also 365 Tage.

Die Erde steht geneigt zur Sonne ♀ , nicht gerade (senkrecht) ♀.

Bei uns treffen die Sonnenstrahlen im Sommer senkrecht auf die Erde. Es ist heiß. Im Winter treffen die Strahlen flach auf. Es ist kalt.

> Du kennst das. An einem schönen Sommertag ist es am Morgen und am Abend kühl. Die Sonnenstrahlen treffen dann flach auf die Erde. Am Mittag treffen die Strahlen senkrecht auf. Es ist heiß.

Rechts auf dem Bild ist es in Europa Winter.

Beschrifte im Bild die vier Jahreszeiten Frühling, Sommer, Herbst und Winter.

Lesekontrolle: Wochentage

Beantworte folgende Fragen.

- An welchem Tag bauen Lena und Valentin eine Schneehütte im Garten?
- An welchem Tag bekommt Iwan seinen Platz im Keller?
- An welchem Tag treffen die Kinder Frau Burkhardt?
- An welchem Tag macht die Familie einen Ausflug zum Teich?
- An welchem Tag helfen Valentin und Alexander, das Holz abzuladen?
- An welchem Tag fällt die Schule aus und schneit es endlich?
- An welchem Tag gibt Lena dem Igel den Namen Iwan?

Diese verflixten Wochentage!
Fülle an zwei verschiedenen Wochentagen folgenden Text richtig aus.

Heute ist _____, gestern war _____, vorgestern war _____. Morgen wird _____ sein, übermorgen _____. Das sind aber erst fünf Tage. Es fehlen noch _____ und _____. Bravo!	Heute ist _____, gestern war _____, vorgestern war _____. Morgen wird _____ sein, übermorgen _____. Das sind aber erst fünf Tage. Es fehlen noch _____ und _____. Bravo!

Lerne die Wochentage auswendig sprechen und schreiben.

Montag, **Di**enstag, **Mi**ttwoch, **Do**nn**e**rstag, Freitag, Samstag, So**nn**tag

Lesekontrolle

Sind die Sätze richtig oder falsch? Kreuze an.

	ja	nein
Lena und Valentin sind Geschwister.		
Lenas Freundin heißt Sabina.		
Jonas ist Valentins bester Freund.		
Sabrina hilft mit, Iwans Platz einzurichten.		
Fast jeden Donnerstagnachmittag spielt Valentin mit Alexander im Freien.		
Alex hat einen dicken Lieblingsbaum.		
Lena liest sehr gerne.		
Endlich, endlich beginnt es am Samstag zu schneien.		
In ihrer Schneehütte trinken Lena und Valentin warmen Tee.		
Valentin spielt fürs Leben gern im Freien.		
Hausaufgaben machen gehört zu Lenas liebsten Beschäftigungen.		
Die Geschwister entdecken am Freitag verschiedenste Spuren im Schnee.		
In der Regel machen Igel im Winter einen Winterschlaf.		
Lena und Valentin basteln mit ihrem Papa ein Vogelhaus.		

Schreibe einen richtigen Satz ab.

Zusammengesetzte Nomen

Im Winter holen Valentin, Lena und wir alle Hand-schuhe, Schnee-anzüge und Winter-schuhe hervor.
Finde die zusammengesetzten Nomen.

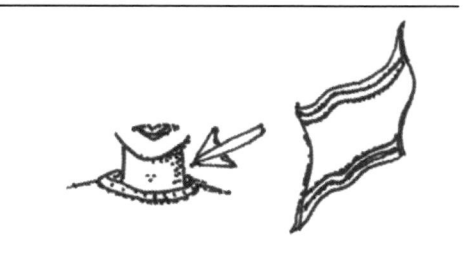

1. Schneide die Wortkärtchen aus.
2. Jeweils zwei Wörter passen zusammen. Achtung! Versuche es so lange bis keine Kärtchen mehr übrig sind.
3. Klebe sie auf die Rückseite dieses Blattes.
4. Wie viele zusammengesetzte Nomen sind es? _____
5. Schreibe vier zusammengesetzte Nomen richtig ab.

Winter	Winter	hose	baum
mantel	ball	Ski	schuh
Schlitt	Strumpf	Schnee	mütze
lift	Christ	Pudel	schlaf

Wanderdiktate

Winterschlaf

Einige Tiere halten Winterschlaf.
Sie fressen im Sommer und Herbst sehr viel.
Nun können sie im kalten Winter davon zehren.
Die Temperatur des Körpers sinkt.
Die Tiere atmen nur wenig.
Das Herz schlägt langsam.
So brauchen sie kaum Energie.
Das Murmeltier, die Fledermaus
und auch der Igel halten Winterschlaf.
Das Murmeltier schläft sogar über ein halbes Jahr!

Der Igel im Winter

Die Igel halten einen Winterschlaf.
Das ist für sie von Vorteil, weil sie im Winter kaum etwas zu fressen finden würden.
Für den Winterschlaf brauchen sie genug Fettreserven.
Einige Igel sind zu leicht für den Winterschlaf. Sie irren herum und suchen Futter. Diesen Tieren kann man helfen.
Die Igel suchen Laub, Heu oder anderes trockenes Material für ihr Winternest.
Ihre Körpertemperatur sinkt auf fünf bis sechs Grad.
Ihr Herz schlägt nur noch acht bis neun Mal pro Minute.
Im Frühling, wenn es wärmer wird, erwachen die Igel wieder aus ihrem Winterschlaf.
Das Winternest ist ihnen nun zu warm.

Schlangensätze

*Schreibe die Sätze richtig, mit Abständen zwischen den Wörtern.
Achtung! Nomen schreibst du groß!*

Vielspaßbeimlesenderwintergeschichte! (S. 3)

_____

_____

Undichhabedochglattmeinehandschuhezuhausevergessen! (S. 4)

_____

_____

Ichwillschlittenfahrenundeineschneehüttebauen. (S. 7)

_____

_____

Ichmussfragenzumthemawinterbeantworten. (S. 11)

_____

_____

Winteristeinfacheinemega-lässigejahreszeit! (S. 19)

_____

_____

Korrigiere jetzt mit deinem Leseheft.

Im Winter

Die Berliner wohnen in Berlin,
in China wohnen Chinesen.
Im Sommer sind die Bäume grün,
im Winter sind sie wie Besen.

Im Winter schau ich zum Fenster hinaus,
da fallen die Flocken, die weißen.
Da sitzt der Specht im Futterhaus,
der Fink und die lustigen Meisen.

Josef Guggenmos

Lerne das Gedicht auswendig.
So gehst du vor:

Auftrag	Erledigt? Kreuze an.
Lies das Gedicht dreimal laut.	
Lies es noch zweimal flüsternd.	
Lege einen Farbstift quer über das Gedicht. Lies es flüsternd. Lies auch die versteckten Wörter.	
Lege einen zweiten Farbstift auf das Gedicht. Lies alles.	
Lege immer mehr Stifte auf das Gedicht.	
Sprich das Gedicht auswendig auf, bis du es kannst.	
Trage das Gedicht einer Mitschülerin oder einem Mitschüler vor.	
Ich trage das Gedicht _____ vor.	
Trage es deiner Lehrerin oder deinem Lehrer vor. Bravo!	

Monate

Schreibe die Monate richtig ab. Lerne sie auswendig.

Januar	Februar	März
April	Mai	Juni
Juli	August	September
Oktober	November	Dezember

Übermale die drei Wintermonate gelb (merbezDe, arnuJa, eruFrab).
In welchem Monat hast du Geburtstag?
Schreibe deinen Namen daneben.
Lies folgendes Gedicht. Zeichne passende Bilder rundherum.

Dem Dezem-bär, dem Dezem-bär,
dem fällt das Warten ach so schwer.
Er möchte gern das Christkind sehn,
er weiß, es ist so wunderschön.

Im Ja-nuar, im Nein-uar,
da sind die Tage kalt und klar.
Soll draußen oder drin ich sein,
das fragen sich jetzt Groß und Klein.

Im Fe-brrr-uar, im Fe-brrr-uar,
da ist es manchmal sonderbar,
die Hexen machen wild Radau,
verkleidet sind Kind, Mann und Frau.

Meisenglocke basteln

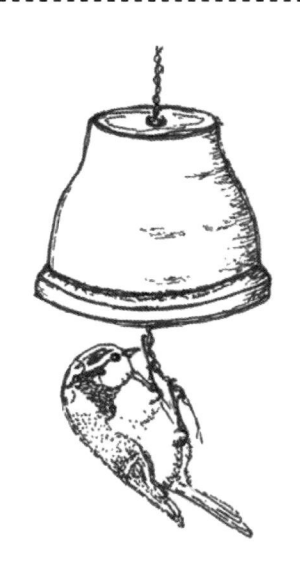

Das brauchst du:

- die Hilfe einer erwachsenen Person
- grobe Schnur
- Tontopf
- Kokosfett
- große Pfanne
- kleine Pfanne
- Vogelfutter (Freilandfutter)
- Knäckebrot
- Rosinen
- Nüsse

So geht es:

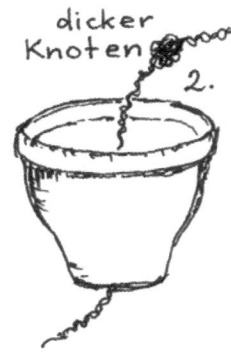

1. Zieh die grobe Schnur durch das Loch im Boden des Tontopfes.
2. Bring von der Innenseite des Topfes her einen **dicken** Knoten an, sodass das Loch abgedichtet ist.
3. Lege einen Bleistift auf den Topf. Wickle die Schnur darum, damit sie nicht in den Topf fällt. Achtung! Der Knoten muss auf dem Loch bleiben!
4. Gib das Kokosfett in die kleine Pfanne.
5. Lass das Kokosfett im heißen Wasserbad (große Pfanne) langsam schmelzen. Das heißt: Du stellst die kleine Pfanne in die große Pfanne. In der großen Pfanne befindet sich kochendes Wasser.
6. Stelle eine Mischung aus Vogelfutter, zerbrochenem Knäckebrot, Rosinen und Nüssen her.
7. Rühre die Mischung in das Fett.
8. Fülle alles in den Tontopf.
9. Lass es an einem kühlen Ort erstarren.
10. Bring in der Schnur einige Knoten an. So finden die kleinen Vögel Halt mit ihren Füßen.
11. Hänge den Topf ein Stück vom Haus entfernt an einen Baumast.
12. Sitze nun still am Fenster und beobachte die Kohl- und Blaumeisen. Kommen noch andere Vögel zur Glocke?

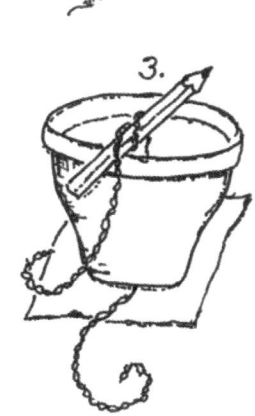

Schoko-Crossies

Winterrezept

---

100 g weiche Butter

100 g weiße Schokolade

100 g dunkle Schokolade

 40 g Puderzucker

100 g Cornflakes

Dieses Rezept reicht für ungefähr zwei Bleche voll Schoko-Crossies. Sie schmecken köstlich, sind aber auch ein beliebtes Geschenk.

Viel Spaß beim gemeinsamen Zubereiten der Schoko-Crossies!

1. Zerkleinere die Schokolade.
2. Schmelze Schokolade und Butter im heißen Wasserbad oder direkt in der Pfanne.
3. Siebe Puderzucker dazu und rühre.
4. Mische Cornflakes darunter.
5. Forme mit zwei Teelöffeln kleine Häufchen.
6. Platziere diese Häufchen auf einem Backtrennpapier.
7. Lass alles abkühlen.
8. Mmh!

Wenn du die Schoko-Crossies schön einpackst, hast du ein leckeres Geschenk.

Schoko-Crossies

Rechengeschichten

100 g weiche Butter

100 g weiße Schokolade

100 g dunkle Schokolade

 40 g Puderzucker

100 g Cornflakes

Das Rezept reicht für etwa zwei Bleche voll Schoko-Crossies.

Lies die Rechengeschichten und beantworte die Fragen.

Zwei Bleche mit Schoko-Crossies sind Lena zu viel. Sie möchte nur ein Blech voll zubereiten, also die Hälfte. Wie viel dunkle Schokolade braucht sie?	
Valentin möchte für ein Fest doppelt so viele Schoko-Crossies zubereiten, weil er sie so gerne isst. Wie viel Puderzucker muss er abwiegen?	
In eurer Klasse bereitet ihr in vier Gruppen Schoko-Crossies zu. Ihr arbeitet genau nach dem vorgegebenen Rezept. Wie viel Cornflakes benötigt ihr?	
Moussad hat nur noch 50 Gramm weiße Schokolade. Kann er damit ein Blech Schoko-Crossies zubereiten?	

Erfindet eigene Rechengeschichten.

Winterausmalbild

Male mit den Farbstiften.

Beginne in der Mitte des Bildes. Male den kleinen Stern dunkelgelb. Der Rand des größeren Sternes ist rosa. Die Rhomben ⟋⟍ darin sind hellgrün. Die kleinen Kreise in den Rhomben sind rot.

Siehst du den Schneestern? Er ist hellblau. Die Eisnadeln schimmern dunkelblau und haben einen kleinen roten Punkt an der Spitze.

Der äußere Rand des Winterbildes ist türkisfarben, die Sterne darin sind orange. Male den Zwischenraum hellgelb aus oder lass ihn weiß.

Schon fertig? Jetzt erhältst du ein zweites Winterausmalbild.
Gestalte es nach deinen Wünschen.

Wintermonate

Welche Nomen passen zu welchem Monat?

Schreibe und zeichne ein Monatsbild.

Skiferien, Neujahr, Kaspar, Zimtsterne, Maske, Weihnachtsbaum, Schneeglöckchen, Sankt Nikolaus, Melchior, Silvester, Fastnacht, Balthasar

	Dezember

	Januar

	Februar

Welches ist dein Lieblingsmonat? Warum?
Schreibe deine Antwort auf die Rückseite dieses Blattes.

Winter-Rap

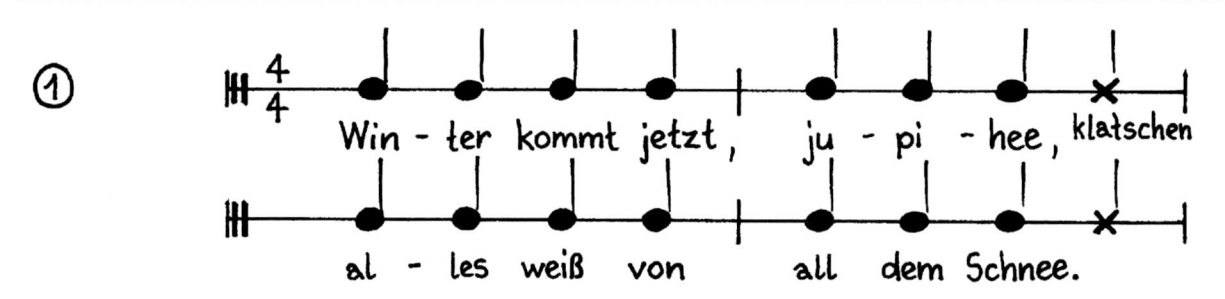

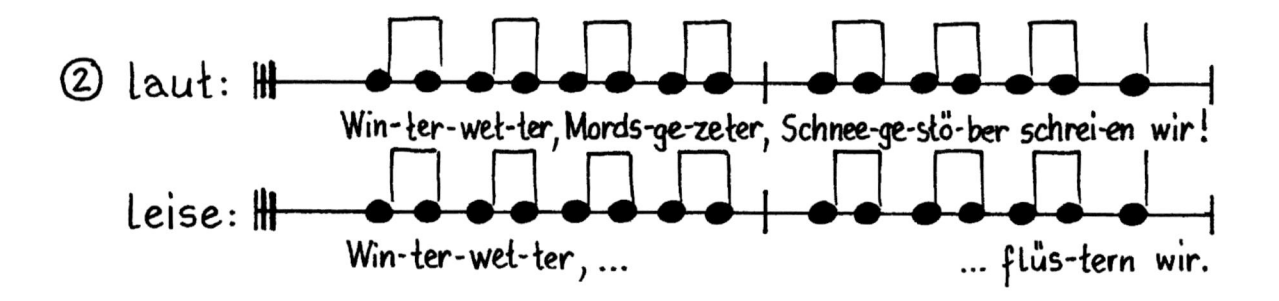

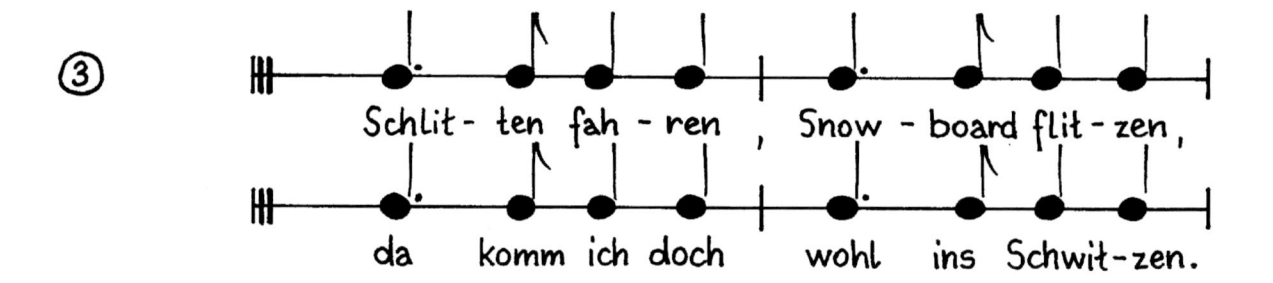

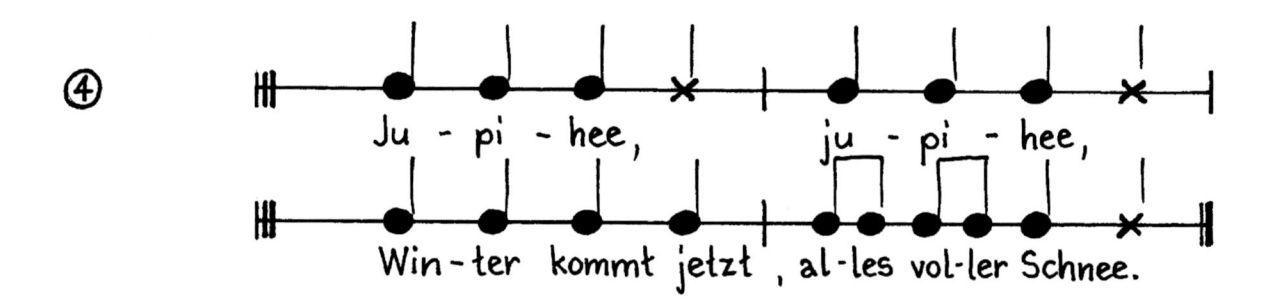

① Win - ter kommt jetzt, ju - pi - hee, klatschen
al - les weiß von all dem Schnee.

② laut: Win-ter-wet-ter, Mords-ge-ze-ter, Schnee-ge-stö-ber schrei-en wir!
leise: Win-ter-wet-ter, ... flüs-tern wir.

③ Schlit-ten fah - ren, Snow - board flit - zen,
da komm ich doch wohl ins Schwit-zen.

④ Ju - pi - hee, ju - pi - hee,
Win - ter kommt jetzt, al-les vol-ler Schnee.

J. Heide-Liebetrau

- *Rappt auch im Kanon.*
- *Begleitet den Rap, z. B. mit Klatschen, Stampfen, Klopfen, usw.*
- *Erfindet „Taktmaschinen"! Z. B. Patsch-Klatsch-Patsch-Klatsch*

Jahreszeitenlied

Ich lieb' den Frühling

1. Ich lieb' den Frühling, ich lieb' den Sonnenschein.
Wann wird es endlich mal wieder wärmer sein?
Schnee, Eis und Kälte müssen bald vergeh'n.
Dum, di da, di dum, di da, di dum, di da, di dum, di da, di

2. Ich lieb' den Sommer,
Ich lieb' den Sand, das Meer,
Sandburgen bauen
und keinen Regen mehr.
Eis essen, Sonnenschein,
so soll's immer sein.

3. Ich lieb' die Herbstzeit,
stürmt's auf dem Stoppelfeld
Drachen, die steigen,
hoch in das Himmelszelt.
Blätter, die fallen
von den Bäumen herab.

4. Ich lieb' den Winter,
wenn es dann endlich schneit,
hol' ich den Schlitten,
denn es ist Winterzeit.
Schneemann bau'n, Rodeln gehn,
ja, das find ich schön.

„Der Winter" von Antonio Vivaldi 1

L'inverno

Antonio Vivaldi ist ein italienischer Komponist. Er schrieb Musikstücke. Vivaldi lebte von 1678–1741, also vor ungefähr 300 Jahren. Er war ein sehr guter Geigenspieler, ein richtiger Virtuose. Er komponierte wunderbare Musik, unter anderem auch „Die vier Jahreszeiten". Jede Jahreszeit besteht aus drei verschiedenen musikalischen Sätzen. Der Winter heißt auf Italienisch „l'Inverno". So heißt auch das Stück. Wir haben für dich einen Teil des Winters ausgesucht. Er heißt „Allegro non molto". „Allegro" heißt auf Italienisch lustig, heiter. „Non molto" heißt nicht zu sehr.

- *Mach es dir bequem und höre das Stück.*
- *Gefällt dir diese Art von Musik?*
  _____

  _____

Diese Art von Musik nennt man klassische Musik. Am Anfang des Stückes hörst du ganz fein ein Cembalo spielen, dazu leise einige Geigen. Die Musik beginnt „piano", also leise. Sie wird lauter und lauter, eine Solo-Violine (Geige) und ein ganzes Orchester kommen hinzu.

- *Höre das Stück noch einmal.*
  Achte dabei auf die Cembalo- und Geigenklänge.

„Der Winter" von Antonio Vivaldi 2

L'inverno

Wenn du ein Musikstück mehrere Male hörst, gefällt es dir immer besser. Mache das Experiment.

- *Beginne deinen Schultag eine Woche lang mit dem Stück „Allegro non molto".*
- *Mach es dir bequem und male dazu.*

Datum	Skizze zur Wintermusik von Antonio Vivaldi

Stell dir vor ...

Winterträume mit Musik von Antonio Vivaldi – L'inverno: „Largo"

1. Bildet Zweiergruppen.
2. Lest einander folgenden Wintertext vor.

Stell dir vor:

Heute ist es eisig kalt draußen. Du ziehst dich warm an und gehst ins Freie. Vor lauter Staunen bleibst du erst einmal stehen. Wie alles glitzert! Es glitzert und funkelt überall. Da ein Glitzern, dort ein Glänzen ... Du staunst über diese Schönheit. Der Himmel ist tiefblau, der Schnee weiß und funkelnd. Immer noch staunend machst du dich auf den Weg. Du gehst langsam, sehr langsam. Bei jedem Schritt spürst du den Schnee unter deinen Füßen. Er knirscht unter den Schuhen. Du gehst bedächtig einen Schritt, noch einen Schritt und noch einen. Durch die Bäume erblickst du einen Weiher. Er ist zugefroren. Du nimmst einen flachen Stein vom Boden auf und lässt ihn über das Eis tanzen. Da huscht etwas ganz Kleines vor deinen Füßen vorbei. War das eine Maus? Friert sie nicht im Schnee? Du bekommst auch Lust, barfuß im Schnee zu gehen, wie die Maus. Du überlegst: Soll ich? Soll ich nicht?

3. Setze dich bequem hin, lege z. B. den Kopf auf deine Arme. Vielleicht darfst du dich auch hinlegen.
4. Höre die Wintermusik. Stell dir das vor, was du gehört hast.
5. Wähle nun drei Winterfarben aus.
6. Höre das Stück noch einmal.
7. Male dazu ein Winterflächenbild. Du malst mit deinen drei Farben verschiedene Flächen. Male ohne nachzudenken.

Winterspiele im Schulzimmer

Zusammen spielen macht Spaß! Spielt in eurem Schulzimmer und danach vielleicht auch zu Hause mit euren Geschwistern und Eltern:

Schneeflocken-Transport

Material:
- Wattebällchen (erhältlich im Kaufhaus)
- ein Trinkhalm pro Person
- Stoppuhr

So geht ihr vor: Ihr legt die Schneeflocken (= Wattebällchen) auf einem Tisch aus. Gemeinsam müsst ihr alle Schneeflocken zu einem anderen Tisch im Schulzimmer transportieren. Einigt euch, welcher Tisch es ist. Die Schneeflocken dürft ihr nicht mit der Hand berühren, sondern müsst sie mit dem Strohhalm ansaugen. Also: Gut ausatmen, mit dem Einatmen die Watte am Strohhalm ansaugen und los geht's!
Wie lange braucht ihr als Gruppe dazu? Schätzt die Zeit.

Schreibt eure Schätzung hier auf: _____
Die Spielleiterin oder der Spielleiter stoppt die Zeit.

Unsere Zeit: _____

Hinweis: Das Spiel könnt ihr auch in kleineren Gruppen als Wettkampf spielen.

Winternomen finden

Material:
- Pro Gruppe 10–20 Karton-Chips als Punktezähler

So geht ihr vor: Drei bis fünf Kinder spielen zusammen. Das erste Kind sagt laut A und spricht dann das ABC leise für sich. Das zweite Kind ruft: „Stopp!" Das erste Kind nennt nun laut den Buchstaben, z. B. „M". Wer findet zuerst ein Nomen, das zum Winter passt und mit M beginnt? (Bsp.: Mütze.) Das schnellste Kind erhält einen Punkt, also einen Karton-Chip. Es wird so lange gespielt, bis alle Chips vergeben sind.

Winterspiele im Freien

Auch im Winter kannst du draußen spielen. Zieh dich warm an: einen Skianzug, feste Schuhe, eine coole Mütze und Fingerhandschuhe.

Wer baut das schönste Schneetier?
Wie ein Schneemann gebaut wird, weißt du. Aber ein Schneetier?
In Vierergruppen ist es am lustigsten. Überlegt euch, welches Tier ihr bauen möchtet. Das Tier sollte keine dünnen, abstehenden Körperteile haben.

So: So nicht:

Jetzt kann es losgehen. Zuerst formt ihr die groben Umrisse des Tieres und stampft den Schnee schön fest. Ihr könnt auch Wasser verwenden. Dann meißelt ihr den Kopf, die Beine, den Schwanz aus der Form heraus. Für die Augen, die Nasenlöcher, die Zähne eignen sich dunkle Steine.
Die Gruppe, die das schönste Schneetier geschaffen hat, bekommt einen kleinen Preis.

Schneeballschlacht
Jetzt gibt es eine echte Schneeballschlacht!
Teilt eure Klasse in zwei gleich starke Gruppen ein und bestimmt ein Schlachtfeld. In der Mitte des Feldes zieht ihr eine Linie in den Schnee. Auf jeder Seite der Linie stellt sich eine Gruppe auf, die Mittellinie darf nicht überschritten werden. Ihr habt jetzt fünf Minuten Zeit um Schneebälle herzustellen: Formt so viele feste Schneebälle, wie ihr könnt. Mit dem Anpfiff kann die wilde Schlacht beginnen. Jeder Treffer gibt einen Punkt. Zählt selbst, wie oft ihr getroffen werdet. Achtung, jeder Kopftreffer gibt einen Punkt Abzug! Fairness ist für euch selbstverständlich.

Zum Abschluss das Schönste: Wärmt euch im Schulzimmer mit einem heißen Tee und einem feinen Imbiss auf. Vielleicht liest euch eure Lehrerin oder euer Lehrer eine Wintergeschichte vor.

Lösungen: S. 22/23
Ein Pflegeplatz für den Igel im Winter, S. 22

Lena, Sabrina, Valentin und Mama richten im Keller einen Platz für den Igel Iwan ein. Lies die Sätze. Setze die folgenden Verben ein:
verteilen, ausräumen, trinken, bereitstellen, setzen, stellen, schrubben, fressen, holen, gehen, trinken

Als Erstes **räumen** sie den hinteren Teil des Kellers **aus**.
Sie **schrubben** den Boden sauber. Mit umgekippten Tischen **setzen** sie eine Grenze. Nun **verteilen** sie Zeitungen, Haushaltpapier und Heu auf dem Boden. Wasser und Futter **stellen** sie **bereit**. Der Igel **trinkt** Wasser und **frisst** Katzenfutter, Weinbeeren oder Nüsse. Milch darf der Igel auf keinen Fall **trinken**. Als Letztes **holt** Valentin sein selbst gebasteltes Kartonhaus und **stellt** es stolz in Iwans Überwinterungsheim.
Lass es dir gut **gehen** lieber Igel Iwan!

In der Igelstation, S. 23
Schreibe den passenden Satz zum Bild

Der Igel bekommt eine Spritze gegen Flöhe.

Es ist auch ein Fenster im Raum nötig.

So kann der Igel Tag und Nacht unterscheiden.

Im März müssen die Krallen unter Narkose geschnitten werden.

Lösungen: S.24:
Spuren im Schnee

Tierrätsel

Lies folgende Rätsel. Klebe das richtige Tier und die entsprechende Spur zum Text ein. Schreibe den Namen des Tieres unter die Spur.

Seit etwa 1970 trifft man dieses Tier wieder in unseren Wäldern an. Diese Wildkatze ist etwa einen Meter lang und rötlich braun. Da dieses Tier seine Krallen einziehen kann, siehst du im Schnee nur den Fuß und die vier Zehen.

Bei dieser Tierspur sind die Krallen und die vier Zehen sichtbar. Dieses Tier hätte Lena beinahe mit einem Schäferhund verwechselt. Kein Wunder! Denn von diesem Tier stammt der Hund ab. Welches Tier ist das?

Es ist ein Raubtier und kann klettern und schnell laufen. Im Schnee erkennst du so viele Zehen, wie wir auch haben. Es gibt mehrere Arten dieses Tieres. Eine lebt in Eis und Schnee.

Dieses Tier gibt es überall bei uns in den Wäldern. Sein Fell ist im Winter graubraun, im Sommer braun. Dieser Pflanzenfresser hat Hufe. Die Spur kannst du im Schnee gut erkennen.

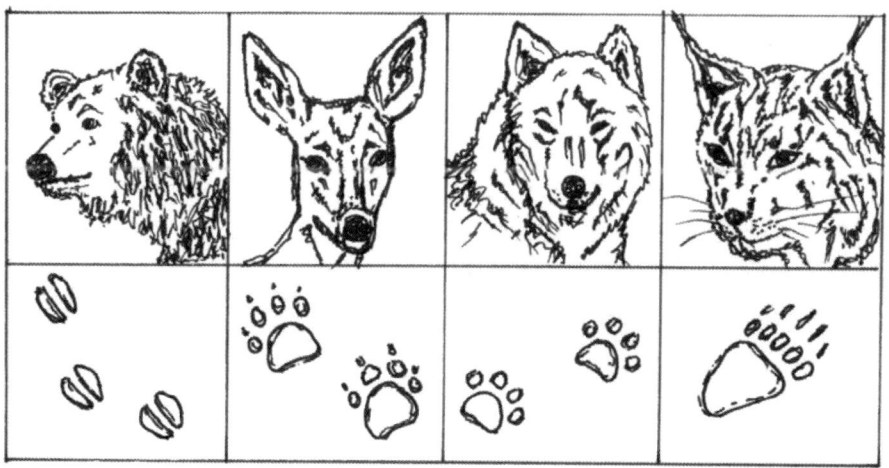

Tier	Spur
(Luchs)	Luchs
(Wolf)	Wolf
(Bär)	Bär
(Reh)	Reh

Lösungen: S. 28
Lesekontrolle: Wochentage

Beantworte folgende Fragen.

• An welchem Tag bauen Lena und Valentin eine Schneehütte im Garten?	**Sonntag**
• An welchem Tag bekommt Iwan seinen Platz im Keller?	**Donnerstag**
• An welchem Tag treffen die Kinder Frau Burkhardt?	**Montag**
• An welchem Tag macht die Familie einen Ausflug zum Teich?	**Samstag**
• An welchem Tag helfen Valentin und Alexander, das Holz abzuladen?	**Mittwoch**
• An welchem Tag fällt die Schule aus und schneit es endlich?	**Freitag**
• An welchem Tag gibt Lena dem Igel den Namen Iwan?	**Dienstag**

Diese verflixten Wochentage!
Fülle an zwei verschiedenen Wochentagen folgenden Text richtig aus (z.B.):

Heute ist **Montag** gestern war **Sonntag**, vorgestern war **Samstag**. Morgen wird **Dienstag** sein, übermorgen **Mittwoch**. Das sind aber erst fünf Tage. Es fehlen noch **Donnerstag** und **Freitag**. Bravo!	Heute ist **Freitag**, gestern war **Donnerstag**, vorgestern war **Mittwoch**. Morgen wird **Samstag** sein, übermorgen **Sonntag**. Das sind aber erst fünf Tage. Es fehlen noch **Montag** und **Dienstag**. Bravo!

Lerne die Wochentage auswendig sprechen und schreiben.
Montag, **Di**enstag, **Mi**ttwoch, **Don**nerstag, **F**reitag, Samstag, So**nn**tag

Lösungen: S. 29
Lesekontrolle

Sind die Sätze richtig oder falsch? Kreuze an.

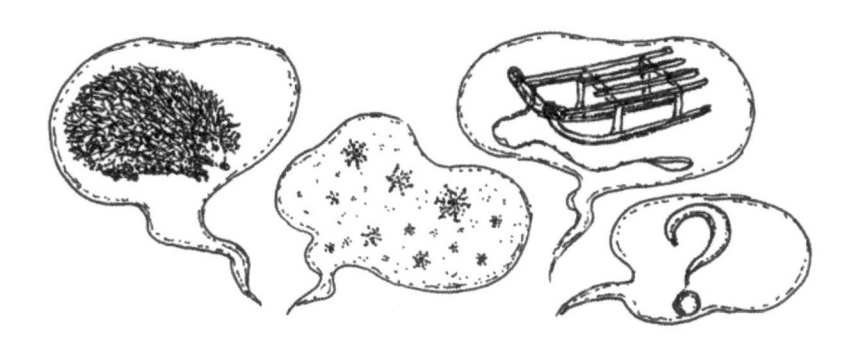

	ja	nein
Lena und Valentin sind Geschwister.	x	
Lenas Freundin heißt Sabina.		x
Jonas ist Valentins bester Freund.		x
Sabrina hilft mit, Iwans Platz einzurichten.	x	
Fast jeden Donnerstagnachmittag spielt Valentin mit Alexander im Freien.		x
Alex hat einen dicken Lieblingsbaum.	x	
Lena liest sehr gerne.	x	
Endlich, endlich beginnt es am Samstag zu schneien.		x
In ihrer Schneehütte trinken Lena und Valentin warmen Tee.		x
Valentin spielt fürs Leben gern im Freien.	x	
Hausaufgaben machen gehört zu Lenas liebsten Beschäftigungen.		x
Die Geschwister entdecken am Freitag verschiedenste Spuren im Schnee.	x	
In der Regel machen Igel im Winter einen Winterschlaf.	x	
Lena und Valentin basteln mit ihrem Papa ein Vogelhaus.		x

Schreibe einen richtigen Satz ab.

Z. B.:   Valentin spielt fürs Leben gern im Freien.

Lösungen: S. 30
Zusammengesetzte Nomen

Im Winter holen Valentin, Lena und wir alle Hand-schuhe, Schnee-anzüge und Winter-schuhe hervor.

Finde die zusammengesetzten Nomen.

Sonnenbrille

Schneemann

Skistock

Halstuch

1. Schneide die Wortkärtchen aus.
2. Jeweils zwei Wörter passen zusammen. Achtung! Versuche es solange bis keine Kärtchen mehr übrig sind.
3. Klebe sie auf die Rückseite dieses Blattes.
4. Wie viele zusammengesetzte Nomen sind es? __8__
5. Schreibe vier zusammengesetzte Nomen richtig ab.

z.B. **Winterschlaf, Schlittschuh**

Schneeball, Christbaum

Winter	Winter	hose	baum
mantel	ball	Ski	schuh
Schlitt	Strumpf	Schnee	mütze
lift	Christ	Pudel	schlaf

Lösungen: S. 32/37
Schlangensätze, S. 32

Schreibe die Sätze richtig, mit Abständen zwischen den Wörtern. Achtung! Nomen schreibst du groß!

Vielspaßbeimlesenderwintergeschichte! (S. 3)
Viel Spaß beim Lesen der Wintergeschichte!

Undichhabedochglattmeinehandschuhezuhausevergessen! (S. 4)
Und ich habe doch glatt meine Handschuhe zu Hause vergessen.

Ichwillschlittenfahrenundeineschneehüttebauen. (S. 7)
Ich will Schlitten fahren und eine Schneehütte bauen.

Ichmussfragenzumthemawinterbeantworten. (S. 11)
Ich muss Fragen zum Thema Winter beantworten.

Winteristeinfacheinemega-lässigejahreszeit! (S. 19)
Winter ist einfach eine mega-lässige Jahreszeit!

Korrigiere jetzt mit deinem Leseheft.

Schoko-Crossies: Rechengeschichte, S. 37

Lena braucht 50 g dunkle Schokolade.

Valentin muss 80 g Puderzucker abwiegen.

Die Klasse braucht 400 g Cornflakes

Moussad kann 1 Blech Schoko-Crossies zubereiten.